MARIA DAS GRAÇAS MOREIRA DE SÁ apresentou, em Março de 1984, à Universidade Clássica de Lisboa, a tese *Guilherme de Azevedo Jornalista*, trabalho com que obteve o grau de mestre em Literatura Portuguesa. Assistente do Departamento de Literatura desta Universidade desde 1979, data em que concluiu a licenciatura em Filologia Românica, lecciona actualmente a cadeira de Cultura Portuguesa, área onde se tem inserido a maior parte da investigação que tem vindo a desenvolver.

Nesta mesma colecção, organizou e elaborou o estudo introdutório a um volume de *Sermões Escolhidos*, do P.ᵉ António Vieira.

Contos
escolhidos

Contos escolhidos

EÇA DE QUEIRÓS

SELECÇÃO E INTRODUÇÃO POR
MARIA DAS GRAÇAS MOREIRA DE SÁ

4.ª edição

BIBLIOTECA ULISSEIA
DE AUTORES PORTUGUESES

© Copyright para a Introdução
Editora Ulisseia
Capa de Luiz Duran

1.ª edição: 1985
Reimpressões: 90, 96, 00

Impresso por Tilgráfica – Soc. Gráfica, S.A.
em Fevereiro de 2000
Dep. legal nº 146912/00

INTRODUÇÃO

1. BREVE SÍNTESE BIOGRÁFICA

José Maria Eça de Queirós, um dos escritores mais fecundos da literatura portuguesa, nasceu na Póvoa de Varzim em 25 de Novembro de 1845.

Filho bastardo que o matrimónio posterior dos pais veio a legitimar, iniciou os seus estudos no Colégio da Lapa, no Porto. Entre os seus professores contava-se Ramalho Ortigão, futuro amigo e colaborador.

Mais importante, porém, na formação daquele que veio a ser uma das figuras capitais do romance português foi o ingresso, em Outubro de 1861, na Faculdade de Direito, em Coimbra. Aí se ligou, ideológica e afectivamente, ao grupo académico que, sob a chefia de Antero de Quental, iria desencadear sucessivas revoltas dentro e fora daquela academia. Membro activo da Sociedade do Raio — associação secreta destinada a produzir uma revolução universitária — ou mero espectador da célebre Questão Coimbrã (1865) — que opôs Antero de Quental e Teófilo Braga a António Feliciano de Castilho —, Eça de Queirós só iniciou a sua carreira nas letras já quando finalista, com uns folhetins dominicais na Gazeta de Portugal. *Nestes artigos (coligidos sob o título* Prosas Bárbaras) *existe ainda muito do temperamento romântico do escritor, mas sente-se já a influência de leituras várias* e *heterogéneas que apaixonaram a juventude da sua época.*

Nesse ambiente, que se prolongaria em Lisboa com o Cenáculo e que eclodiria num autêntico manifesto de toda uma geração (as Conferências do Casino), se foi moldando o espírito irónico e hipercrítico do romancista.

Terminado o curso, ainda chegou a exercer advocacia na capital e dirigiu, durante alguns meses, um bissemanário político, literário e noticioso — Distrito de Évora *(1867) — composto, na sua totalidade, por ele próprio. Os textos aí reunidos evidenciam já a tendência para a intervenção na vida político-cultural do tempo, de que* As Farpas *(1871) são prova evidente*

*Data de 1869 a inauguração do canal do Suez, facto a que assistiu na companhia do conde de Resende. Da sua visita ao Egipto e à Palestina resultaram impressões que ficariam registadas n'*O Egipto *e n'*A Relíquia. *Só então, no regresso, decidiu entrar no serviço diplomático. A esta decisão se ficou a dever a estada em Leiria, local onde havia de situar o seu primeiro romance.*

Se a primeira fase da carreira de Eça (1866-1872) se passara em Lisboa, Évora e Leiria, a parte mais importante da sua obra será escrita fora de Portugal. Nomeado cônsul (1872), parte para as Antilhas, onde se empenha na defesa dos direitos dos trabalhadores chineses. As tarefas diplomáticas do escritor levam-no ainda de Havana (1873) a Newcastle (1874) e a Bristol (1878) e, finalmente, a Paris (1888), depois de se ter casado, em 1886, com Emília de Castro Pamplona, irmã do conde de Resende. Naquela que foi considerada a «cidade modelar» pelos da sua geração se manteve até à morte (16 de Agosto de 1900).

O longo exílio, apenas entrecortado episodicamente, permitiu-lhe criar o distanciamento necessário a uma maior e melhor actividade crítica.

De facto, é vasta e variada a lista da produção literária do escritor, publicada em vida ou coligida (porque dispersa em publicações periódicas) e editada postumamente. Para além da Correspondência de Fradique Mendes, *das* Cartas de Inglaterra, *das* Prosas Bárbaras, *dos* Ecos de Paris, *dos* Bilhetes de Paris, *das* Notas Contemporâneas, *do* Dicionário dos Milagres, *das* Últimas Páginas, *d'*O Egipto, *d'*Uma Campanha Alegre, *das* Crónicas de Londres, *das* Cartas de Lisboa, *das* Cartas de Eça de Queirós, *e até de uma tradução* — As Minas de Salomão — *deixou-nos o autor um importante legado no campo da ficção narrativa. Desta sobressaem os* Contos *(cuja 1.ª edição em livro data de 1902) e uma lista imensa de romances e novelas:* O Mistério da Estrada de Sintra — *em colaboração com Ramalho Ortigão (1871)* —, O Crime do Padre Amaro *(1875),* O Primo Basílio *(1878),* O Mandarim *(1879),* A Relíquia *(1887),* Os Maias *(1888),* A Ilustre Casa de Ramires *(1900),* A Cidade e as Serras *(1901),* A Capital *(1925),* O Conde de Abranhos *(1925),* Alves e C.ª *(1925) e a* Tragédia da Rua das Flores *(1980).*

Em toda a sua obra, que abrange campos tão diversos como a crónica, o texto político, a crítica de costumes, o ensaio polémico e a ficção narrativa — não esquecendo a direcção da Revista de Portugal —, *estão presentes, sem dúvida, algumas das melhores páginas da prosa portuguesa.*

2. CONTEXTO CULTURAL

«*A Universidade está destinada a ser ultrapassada pelos acontecimentos. Já hoje ela é uma pequena ilha resistindo com tenacidade à nova ordem de coisas e à nova cultura correspondente para que ela não está preparada.*» Com estas palavras definia António José Saraiva o papel do ensino universitário em 1946.

Na segunda metade do século XIX, a situação não diferia em muito da acima descrita quase 100 anos depois. «*Coimbra vivia então numa grande actividade, ou antes, num grande tumulto mental. Pelos Caminhos de Ferro, que tinham aberto a Península, rompiam cada dia, descendo da França e da Alemanha (através da França), torrentes de coisas novas, ideias, sistemas, estéticas, formas, sentimentos, interesses humanitários* [...]. *Era Michelet que surgia, e Hegel, e Vico, e Proudhon; Hugo, tornado profeta e justiceiro dos Reis; e Balzac, com o seu mundo perverso e lânguido; e Goethe, vasto como o Universo; e Poe; e Heine; e creio que já Darwin e quantos outros!* [...].» Assim resumia Eça o ambiente vivido à beira do Mondego pelos da sua geração. Geração que desencadearia diversos movimentos estudantis contra o espectro de uma Universidade capaz de, segundo o escritor, «*comprimir*» e «*escurecer as almas*». Com o seu «*autoritarismo*», o seu «*favoritismo*», o seu «*literatismo*», representado na «*horrenda sebenta*», o seu «*foro*», «*tão anacrónico como as velhas albardas dos verdiais que* o mantinham», tal instituição «anulava toda a liberdade e resistência moral» e acostumava «o homem a temer». E concluía: «No meio de tal Universidade, geração como a nossa só podia ter uma atitude — a de permanente rebelião. [...] A Universidade era com efeito uma grande escola da revolução — e, pela experiência da sua tirania, aprendíamos a detestar todos os tiranos, a irmanar com todos os escravos.»

Este grupo encarnava, assim, as características essenciais da segunda metade do século: época de conflito onde nem sempre a inovação e a tradição coexistiram pacificamente. As Ciências Experimentais negavam a Metafísica. O avanço tecnológico enfeitiçava os espíritos e mitificava a «Máquina»: abriam-se túneis, descobria-se o telefone, o telégrafo, a iluminação pública... Toda a Europa espelhava o ressurgimento de uma nova era: a crise da monarquia espanhola, a queda do Segundo Império, o levantamento da Comuna de Paris e os sucessivos movimentos de associativismo operário são disso prova evidente.

A Literatura acompanhava o surto das novas ideias: com Châtiments, Victor Hugo lutava contra o absolutismo de Napoleão III, exaltava o humanitarismo em Les Misérables e o progresso em La Légende des Siècles; com a História de França, Michelet defendia a luta da liberdade contra a fatalidade; Renan interpretava materialisticamente o carácter divino de Cristo (As Origens do Cristianismo); no campo da sociologia, Taine expunha as suas teses; Proudhon, Fourier e Saint-Simon apregoavam teorias socialistas; Zola, Gautier, Schelling, Heine, Baudelaire, Flaubert, Augusto Comte, Littré, Leconte de Lisle, são figuras literárias, entre tantas outras que poderiam ser mencionadas, cuja palavra chegava, como um eco, até nós.

Portugal, agora unido pelo caminho de ferro a Paris (1864), parecia não querer acompanhar toda esta evolução do pensamento e da ciência. Por isso alguns jovens resolveram assumir o ambiente de ruptura e inovação envolvido no momento histórico que então se vivia:

«À beira de um mundo que desaparece e de um mundo que se forma — de uma vala e de um berço — a poesia hodierna reflecte as contradições e os contrastes, as visões e as inspirações opostas da própria situação» — diz-nos Luciano Cordeiro n'O País *(1 de Abril de 1874)*. Esperança e descrença na sociedade e na política nacionais fazem-se sentir quotidianamente na imprensa portuguesa. Violência e azedume transparecem, por exemplo, nas palavras de Alexandre da Conceição: «Nesta paludosa decadência bizantina em que nos revolvemos voluptuosamente [...], nesta baixa comédia humana em que todos nos esforçamos por parecer justamente aquilo que não somos, neste falseamento indigno, permanente, sistemático e saudoso do carácter, do espírito e da alma, a que os exploradores da coisa pública chamam convencionais, tino político, prudência e seriedade de espírito, mas que não passa de uma profunda depressão moral, tibieza de convicções, ausência de brios e egoísmo hipócrita, há uma coisa que se ergue, como uma auréola divina, acima deste charco social, é a poesia. [...].» E continua: «Aparentemente, a sociedade portuguesa vive na posse plena de uma tranquilidade beatífica. O rei reina, mas não governa, os ministros governam, mas não reinam, os fundos sobem, a burguesia diverte-se, os cónegos ressonam, os bispos engordam, e o povo paga para tudo isto e vai à missa» (in O País, 6 de Setembro, 1874).

Uma profunda consciência de crise parecia unir todos os espíritos inconformados. A chamada «geração de 70» congregou uma das plêiades intelectuais portuguesas de maior vulto na história da inteligência nacional. Dela fizeram parte poetas, romancistas, críticos, historiadores, sociólogos, políticos — dentre os quais sobressaem os nomes de Antero de Quental, Eça de Queirós e Oliveira Martins —, todos eles associados num mesmo ideal: integrar Portugal na cultura europeia.

É costume distinguir duas fases principais nesta geração. A primeira, ideologicamente evolutiva, estender-se-ia do período polémico anterior à década de 70 — onde se evidencia a Questão Coimbrã — ao período propriamente ideológico, em Lisboa, do Cenáculo e das Conferências (1871). A segunda fase corresponderia ao fim do século, e seria a fase mais conhecida por a dos Vencidos da Vida.

Na Questão Coimbrã — também chamada Questão do Bom Senso e do Bom Gosto — existe, de facto, em estado embrionário, a atitude mental que depois seria sistematizada nas Conferências. Mais que uma simples controvérsia literária contra o provincianismo e o ultra-romantismo de Castilho, mais, portanto, que uma querela entre escolas, um conflito de gerações ou um antagonismo entre duas estéticas, a Questão do Bom Senso e do Bom Gosto representa um confronto de mentalidades, de filosofias, de modos-de-estar-no-mundo e revela, só por si, a completa inversão de valores que se estava a operar.

Quais, pois, os propósitos das célebres Conferências do Casino? Antero explaneia-os numa primeira prelecção: «Abrir uma tribuna», onde tivessem voz as ideias e os trabalhos que caracterizavam aquele momento do século; «agitar na opinião pública» as «grandes questões da Filosofia e da Ciência Moderna»; e, principalmente, europeizar Portugal, ligando-o com o movimento moderno. Tratava-se de, lançando todas as semanas uma mão-cheia de ideias no seio da «massa adormecida» do povo português, preparar o País, pela elevação e moralização dos espíritos, para a sua transformação política, económica e religiosa; numa palavra: para a Revolução.

«Seremos, em religião, pelo sentimento criador do coração humano, contra os mitos doutrinais das teologias; seremos, em política, pelo governo do povo pelo povo; em sociologia, pela emancipação do trabalho; em Literatura e Arte, pelo fim social da Arte e Literatura» — afirmava Antero numa carta a Teófilo Braga. E, com efeito, nas cinco conferências proferidas, são comuns o espírito revolucionário e a visão decadentista de Portugal.

A mais sintomática e abrangente (em temas de reflexão) foi, sem dúvida, a segunda, ainda de Antero, publicada depois em opúsculo: Causas da Decadência dos Povos Peninsulares. As três causas fundamentais da nossa decadência — o catolicismo posterior ao Concílio de Trento (que desvirtuara a essência do cristianismo); o absolutismo (que coarctara a liberdade e anulara as virtudes da raça ibérica); e as conquistas ultramarinas (responsáveis pela perda das energias do País e pela criação de hábitos funestos de ociosidade e grandeza) — opunha Antero soluções concretas: substituir o catolicismo pela consciência livre, a ciência, a filosofia e a crença na renovação da Humanidade; a monarquia centralizada pela federação republicana, com vista à democratização da vida municipal; a inércia intelectual pela iniciativa do trabalho livre.

A Augusto Soromenho se ficou a dever a terceira conferência, cujo tema era «A Literatura Portuguesa». O sentimento de profunda decadência do País é visível no modo como o autor nega a originalidade da nossa literatura (com excepção feita a Camões e Gil Vicente). O ensino foi outro dos assuntos focados. Adolfo Coelho, no último discurso — último devido à proibição assinada pelo então ministro do reino, segundo a qual as conferências expunham «doutrinas e proposições» que atacavam «a Religião e as Instituições políticas do Estado» —, pugnava por reformas concretas do ensino em Portugal.

Verdadeiro grito de revolta foi, contudo, a quarta conferência, de Eça de Queirós, intitulada «A Literatura Nova — O Realismo como Nova Expressão de Arte».

De inspiração proudhoniana, esta conferência integrava-se no mesmo espírito revolucionário da de Antero. Logo de início se chamava a atenção para a necessidade de produzir na literatura a mesma revolução que se estava a gerar noutros campos. Fundamentais nesta prelecção de Eça para compreender a sua obra literária são as questões levantadas acerca da Nova Escola — o realismo — e a relação estabelecida entre a Arte e a Ideia-mãe (ideal) de cada sociedade. «Supondo que uma determinada sociedade está num período em que a Ideia-mãe não está definida — como pode ela influenciar o artista?» — perguntava Eça na reconstituição feita por Salgado Júnior (História das Conferências do Casino). E respon-

dia: «Nesse caso o artista vai buscar o belo à grande penumbra do desconhecido. Seria o mais lógico. Mas nem sempre assim acontece. Por vezes, em vez de procurar orientar-se no sentido em que a sociedade caminha buscando definir-se, caminha ao arrepio, desacompanhando os interesses do mundo em que existe como instituição de aperfeiçoamento, de elevação e de progresso.»

Este era, exactamente, todo o mal da literatura do século XIX. Daí que, para o autor, a uma Nova Sociedade devesse corresponder uma Nova Arte. Que Nova Arte? O Realismo. Longe de ser um simples processo formal, o realismo era, para Eça, a negação da arte pela arte, da retórica rebuscada, do romantismo; preocupado com o mundo circundante, o realismo buscava, antes de mais, a análise com vista à verdade absoluta; pretendia ser a anatomia do carácter. Bela, justa e verdadeira, visando a moralização da sociedade (por colocar diante dos olhos desta os seus próprios vícios), a obra de arte realista nunca poderia ser considerada imoral. Para ilustrar as afirmações feitas, Eça exemplifica com Madame Bovary, de Flaubert: «Aí o adultério, o adultério tantas vezes cantado pelos românticos como um infortúnio poético, dos infortúnios poéticos que comovem perniciosamente a susceptibilidade das almas cândidas — o adultério aparece-nos aí, pela primeira vez, debaixo da sua forma anatómica — nu, retalhado e descosido, fibra a fibra, por um escalpelo implacável. Também o efeito é surpreendente e terrível. Assim, o amor ilegítimo e venal, com o seu pavoroso cortejo de alucinações, de remorsos, de terrores, de aviltamentos, de vergonhas e de ruínas — surge aos nossos olhos gotejando miséria e podridão, pavoroso como um espectro diante do qual instintivamente se recua com repulsão e horror» (História das Conferências do Casino. *O sublinhado é nosso*).

O realismo constitui-se, pois, para o escritor, como uma arma, uma forma de luta, destinada à revitalização nacional.

Mais do que um grupo de homens reunidos para discutirem e problematizarem valores culturais até então *aceites, a geração de 70, profundamente imbuída do sentimento de decadência do país, foi, como afirma Machado Pires* (A Ideia de Decadência na Geração de 70), *«uma problemática», «uma atitude mental», uma «interrogação sobre a identidade nacional». Interrogação que, agudizada com o Ultimato, se manteve até ao fim do século, cada vez mais premente, mais angustiada. «Nas famigeradas* Conferências do Casino e no que delas se seguirá» — *diz-nos Eduardo Lourenço* (Labirinto da Saudade) — *«não é apenas a mera realidade* histórico-política *de Portugal que vai ser questionada ou quem questiona os autores das conferências: é a totalidade do seu ser* histórico-cultural. [...]. *Nunca geração portuguesa se sentirá tão infeliz — tão funda, sincera e equivocamente infeliz — por descobrir que pertencia a um povo decadente, marginalizado ou automarginalizado na História* [...].»

A atitude pedagógica desta geração viu-se, a curto prazo, frustrada em muitos aspectos. Do ponto de vista de uma eficiente intervenção política, por exemplo, a sua importância foi quase nula. Na fase final do grupo dos Vencidos da Vida (fase em que tanto Eça, como Antero e Oliveira Martins renunciam a uma acção política e ideológica imediata) é sintomático o desabafo dramático de Eça de Queirós, ao responder a um ataque de Pinheiro Chagas: «[...] para um homem, o ser vencido ou derrotado na vida depende, não da realidade aparente a que chegou — mas do ideal íntimo a que aspirava.»

No plano literário, contudo, é indubitável o valor desta geração. E se ela não atingiu o «ideal íntimo a que aspirava», deixou-nos, pela mão de alguns dos seus componentes, das melhores obras da história da nossa Literatura.

3. A OBRA LITERÁRIA

Tradicionalmente, são relevadas três fases na evolução literária de Eça de Queirós: a primeira, de feição romântica, engloba textos como as Prosas Bárbaras *e* O Mistério da Estrada de Sintra; *a segunda, de pendor realista, resulta num sistemático inquérito à vida portuguesa e dela fazem parte obras como* O Crime do Padre Amaro, O Primo Basílio, Os Maias, A Capital, O Conde de Abranhos, Alves e C.ª, O Mandarim, A Relíquia, *etc.; a terceira possui como elemento predominante a recusa às normas impostas pelo realismo-naturalismo. Entre os textos mais representativos desta última fase contam-se* A Correspondência de Fradique Mendes, A Ilustre Casa de Ramires, A Cidade e as Serras *e, de uma maneira geral, as lendas de santos.*

*Quer aceitemos ou não tal critério, é preciso ter em atenção que a complexidade da obra queirosiana escapa a qualquer classificação demasiado simplista. Por um lado, dentro de cada uma das fases consideradas é notória a fuga a processos excessivamente rígidos, a transformar cada texto numa unidade específica. A superioridade quantitativa de uma modalidade de discurso — o discurso pessoal —, visível n'*A Relíquia *e n'*O Mandarim, *é susceptível de ser tomada como principal ponto de ruptura com as intenções mais marcadamente naturalistas de outros romances. (Veja-se, a este respeito,* Estatuto e Perspectivas do Narrador na Ficção de Eça de Queirós, *de Carlos*

Reis.) E o mesmo se poderia afirmar do recurso exaustivo à focalização interna de uma das personagens-chave d'Os Maias, Carlos da Maia; por outro, a existência de núcleos de interesse numa das fases não implica necessariamente a sua ausência das outras duas. É o caso, por exemplo, da crítica de costumes. Preocupação fundamental da chamada «fase realista», ela não deixa de estar presente em textos como A Ilustre Casa de Ramires ou A Cidade e as Serras.

Evolução literária, houve-a, sem dúvida. A estreia de Eça nas páginas da Gazeta de Portugal (1866) revela, a um tempo, um espírito ainda romântico e a magia de uma linguagem inovadora e sugestiva. Sofrendo influências várias, estes folhetins, onde ainda impera a transfiguração visionária do mundo, com o seu véu de mistério, a propensão para a escolha de temas fúnebres e a visão panteísta do universo, contêm já, em embrião, os processos estilísticos que viriam a caracterizar a escrita queirosiana. Nalgumas páginas se sente, através de uma subtil ironia, a tendência do escritor para a crítica de costumes, tal como n'O Mistério da Estrada de Sintra, romance folhetinesco em estilo policial escrito de parceria com Ramalho Ortigão, parece ser sintomático o modo como se encara o problema do adultério. N'As Farpas, porém, é já evidente o intuito de crítica social, factor significativo se nos lembrarmos que a colaboração de Eça de Queirós, reunida em Uma Campanha Alegre, data do mesmo ano das Conferências do Casino (1871).

Dentre a actividade criativa do autor sobressaem os textos de ficção narrativa, onde, de uma forma mais ou menos manifesta, estão presentes os princípios estético--ideológicos expostos na quarta conferência. Realismo e naturalismo são, de facto, filhos legítimos de um século marcadamente positivista e crente, por o ser, na possibilidade de induzir leis a partir da observação rigorosa da realidade. Do mesmo espírito «científico» deveria estar munido o escritor realista: o documento humano e social torna-se, pois, a sua «matéria-prima», a qual, estudada e analisada com exactidão, poderia servir para ilus-

trar verdadeiras teses científicas. Daí que a personagem mereça, neste período estético-literário, um relevo significativo. Uma das doutrinas postas então em voga pelos fisiologistas (como o foram Flaubert e Zola) era a crença na forte dependência do Homem em relação ao meio que o rodeava. O romance experimental vai preocupar-se, precisamente, em desvendar as motivações mais íntimas da personalidade humana, ao mesmo tempo que se esforça por explicar (ou compreender) o mútuo condicionamento do indivíduo e da sociedade em que este se integra.

Não nos admiremos, por isso, se o narrador, por meio de todos os processos que legitimam a sua função, procura evidenciar todo um conjunto de factores culturais e morais a que esteve sujeita a personagem e do qual esta dificilmente se conseguirá libertar. Levada a análise de comportamentos ao extremo, personagens há que mais não parecem ser do que vítimas de todos estes condicionantes.

N'O Crime do Padre Amaro, o desenlace da intriga que envolve os dois protagonistas — e que culmina com a morte de Amélia e a desresponsabilização de Amaro — é o resultado de uma defeituosa educação religiosa. A sociedade doentiamente devota que os cerca apenas vem agravar os problemas psicológicos e morais decorrentes do celibato eclesiástico. «De resto, entre nós» — defendia Eça de Queirós n'As Farpas — «a mentira é um hábito público. Mente o homem, a política, a ciência, o orçamento, a imprensa, os versos, os sermões, a arte e o País é todo ele uma grande consciência falsa. Vem tudo da educação.»

Verdadeiro joguete nas mãos de uma sociedade desvirtuada nos seus valores é Luísa d'O Primo Basílio. O adultério surge, também ele, inevitável e fatal, única fuga possível à mediocridade de uma vida burguesa, estéril e ociosa. A influência de um meio pervertido e sem mérito é de tal modo acentuada que nem mesmo os melhores conseguem vencer. Veja-se o exemplo de Carlos da Maia. A sua formação diferiu de todas as outras personagens que com ele contracenam. E, contudo, Carlos da Maia acaba como a quase totalidade das figuras dramáticas queirosianas desta fase: personagem falhada, anti-herói de si mesmo. Como afirmou o Prof. Jacinto do Prado Coelho («*Para a Compreensão d'Os Maias como Um Todo Orgânico*» in Ao Contrário de Penélope), «*Carlos não fraquejou* por causa *da educação recebida, mas* apesar *da educação recebida*».

*A crítica veiculada na ficção eciana ultrapassa, pois, a configuração de cada personagem: é o próprio País que está em causa. Cada caricatura surgida ganha, assim, um sentido mais amplo: é a sociedade portuguesa, enquanto entidade geradora ou receptora da personagem, que aparece caricaturada. Se n'*O Crime do Padre Amaro *se criticava a influência do clero na burguesia provinciana e n'*O Primo Basílio *os valores que sustinham a família da média burguesia lisboeta, n'*A Capital *é a corrupção dos meios literários e mundanos de Lisboa que é visada. E n'*Os Maias *somos postos perante a alta burguesia e o que resta de uma aristocracia decadente e pretensamente intelectualizada. Política, finanças, jornalismo, religião, moral, literatura, nobreza, aristocracia, tudo aparece criticado através de uma galeria de tipos sociais inesquecíveis.*

O Crime do Padre Amaro *e* O Primo Basílio, *considerados comummente as obras mais marcadamente naturalistas de Eça de Queirós, são verdadeiros «romances de tese» onde se espelham considerações tecidas pelo autor tanto na sua conferência como em textos ensaísticos (vejam-se, por exemplo, «As Meninas da Geração Nova em Lisboa e a Educação Contemporânea» e «O Problema do Adultério»).*

Em 1893, numa crónica intitulada Positivismo e Idealismo, *Eça proclamava, contudo, a falência do naturalismo. «Era a época em que, após Boutroux, que em 1874 escrevera o livro* Contingence des Lois de la Nature, *uma série de pensadores como Le Roy e Bergson vai pondo os naturalistas em crescente desconfiança ante o valor absoluto que atribuíam ao seu determinismo. […]. Nem tudo no mundo da realidade é mensurável e expli-*

cável pelo determinismo infalível da causalidade mecânica. No mistério da alma surgem reacções e movimentos espontâneos fora de todas as previsões e isso deixa a imaginação mais livre em voos para além das balizas da norma.» (V. Hernâni Cidade, Portugal Histórico-Cultural.)

Se a proclamação da falência do naturalismo só é feita, pelo autor, em 1893, é bastante anterior a tomada de consciência do declínio desse período estético-literário. Já na carta que antecede O Mandarim, Eça afirmava a incompatibilidade entre o temperamento português, essencialmente lírico e idealista, e aquele que era exigido pela excessiva rigidez das normas naturalistas.

A partir da década de 80 vão, pois, coexistir, na obra de Eça de Queirós, o explicável e o inexplicável pelas leis da causalidade mecânica. É o caso d'O Mandarim e d'A Relíquia, onde, sem deixar de criticar o egoísmo potencialmente criminoso, no primeiro, e a hipocrisia, no segundo, o autor nos transporta para o mundo da fantasia e do sobrenatural. E nem Os Maias, considerada a obra-prima do escritor, parece fugir a esta dualidade. Como afirma Carlos Reis no prefácio a este texto inserido nesta colecção, «o incesto entre Carlos e Maria Eduarda escapa por completo ao mecanismo naturalista, até por se manifestar num nível diegético autónomo em relação à crónica de costumes: se nesta é representada, em episódios da vida social e mundana (corridas de cavalos, jantares, serões, etc.), a alta sociedade lisboeta, na sua mediocridade e no ridículo dos seus tipos (banqueiros, políticos, jornalistas, aristocratas, diplomatas, altos funcionários, etc.), não é esse contexto social que pressiona a concretização do incesto, até porque este é sempre praticado de forma inconsciente».

É o próprio Eça que, a certa altura, põe em causa a dimensão do inquérito que se impusera fazer à sociedade do seu tempo. «Da gente portuguesa conheço apenas a alta burguesia de Lisboa — que é francesa — e que há-de pensar à francesa se algum dia vier a pensar. Como é feito o português de Guimarães ou de Chaves? Não sei...» — dizia o escritor em carta a Oliveira Martins.

Nem Fradique, diletante por natureza, que vive no estrangeiro e visita a terra por desfastio, nem Gonçalo Ramires, que procura em África a sua regeneração, nem Jacinto d'A Cidade e as Serras, que volta à pátria mas se circunscreve à vida do campo, conseguem, quanto a nós, fornecer a resposta adequada a esta pergunta. Mas, nestas duas últimas obras, representativas do final da carreira do escritor, existe, sem dúvida, uma maior aproximação da vida provinciana e rural e a crença na existência de reacções que ultrapassam a acção dos ambientes.

Gonçalo Ramires, fidalgo de província e herdeiro de um nome histórico (a família Ramires, exemplar pela forma activa como sempre participou no destino do seu país), envolve-se na intriga local e parece sucumbir sob o ambiente social e político do constitucionalismo. No heróico passado da família, porém, Gonçalo Ramires encontra a força para se libertar do ambiente mesquinho que o cercava. A sua partida para África (para o trabalho, para a actividade criativa) é a solução encontrada para honrar um passado histórico e é, simultaneamente, a imagem simbólica de um país em crise, principalmente depois do Ultimato: em África estaria o futuro de um Portugal moderno. Não transparecerá, no simbolismo final da obra, a ainda amarga ironia queirosiana?

Tal como Gonçalo Ramires se enreda no ambiente provinciano que o rodeava, assim Jacinto, em Paris, se deixa envolver pela inércia do 202, onde as mais complicadas maquinarias o convidam à inacção e os demasiados volumes da biblioteca o levam a um desinteresse absoluto pela leitura. Se o primeiro se parece regenerar com a sua estada em África, é o regresso à vida rural que parece vitalizar o anémico Príncipe de Grã-Ventura.

Até que ponto as soluções de equilíbrio encontradas pelos dois protagonistas, Gonçalo e Jacinto, não serão pseudo-soluções às quais não é estranha a problemática da existência histórica de Portugal?

4. SOBRE OS CONTOS
Considerações várias

«No conto tudo precisa ser apontado num risco leve e sóbrio: das figuras deve-se ver apenas a linha flagrante e definidora que revela e fixa uma personalidade; dos sentimentos apenas o que caiba num olhar; da paisagem somente os longes, numa cor unida.»

Nesta transcrição, Eça de Queirós (v. Notas Contemporâneas, *Prefácio dos «Azulejos» do conde de Arnoso) evidencia a característica essencial que considera necessária («tudo precisa») ou mesmo indispensável («deve-se») no conto: a leveza do traço, o carácter sintético de uma escrita. A forma conto, assim definida, faz adivinhar o que de imediato se exige do leitor — uma atenção permanente à mais pequena expressão do texto escrito. Nele nada é inocente: na simplicidade (leveza) do traço se revela a complexidade do objecto. Um só adjectivo, um só advérbio, um só contraste, criam expectativa, predeterminam o desenrolar da história.*

A cumplicidade que qualquer texto literário reclama do leitor ganha, porém, na leitura dos contos, uma maior dimensão. A ficção narrativa presente nesta antologia abarca a quase totalidade do tempo cronológico da produção literária do romancista: «Singularidades de Uma Rapariga Loura», geralmente avaliado como o primeiro conto de feição realista publicado em Portugal, vem a lume no «Brinde aos Senhores Assinantes do Diário de

Notícias», em 1874, ano imediatamente anterior à estreia do romancista com O Crime do Padre Amaro. *Seguem-se «Um Poeta Lírico» e «No Moinho» (1880), «Civilização» (1892), «A Aia» (1893), «Frei Genebro» (1894) e «José Matias» (1897). Em 1898, dois anos antes da morte de Eça de Queirós,* A Revista Moderna *fazia publicar «O Suave Milagre». O leitor é, assim, colocado não só perante variados temas (que vão desde a crítica de costumes a histórias de fundo moral e vida de santos) como tem ainda que se confrontar com diferentes processos estruturais. Os elos de contacto existentes entre alguns dos textos aqui reunidos parecem evidenciar, antes de mais, as respectivas diferenças.*

Deparamos, logo numa análise sumária, com quatro contos que possuem um ponto comum: o do discurso em primeira pessoa. Em «Singularidades de Uma Rapariga Loura» e «Um Poeta Lírico», a curiosidade do discurso advém do facto de o narrador ter sido anteriormente narratário (receptor da mensagem). Em «José Matias» a existência do narrador deve-se à presença de um interlocutor não identificado, mas que se adivinha nas diversas interrogações e exclamações do próprio narrador. Em «Civilização» o narrador não só narra como participa directamente na intriga que o discurso desenvolve.

Mais interessante, contudo, é o jogo que se estabelece entre o narrador, o objecto a descrever ou a narrar e o virtual leitor. O objecto parece ser, invariavelmente, uma personagem. A personalidade humana foi, como vimos, um dos pólos atractivos do período estético-literário vivido pelo escritor. Daí que o narrador acentue determinadas características dos protagonistas (respectivamente Macário, Korriscosso, José Matias e Jacinto) e remeta constantemente o leitor para a origem social e para todo um conjunto de valores susceptíveis de os terem «marcado».

É neste perscrutar da personalidade humana que se estabelece o jogo narrador/leitor. Por um lado, e porque qualquer acto cognitivo pressupõe uma distanciação do sujeito e do objecto, torna-se indispensável que narrador e protagonista se diferenciem entre si. *O afastamento ideológico que entre estes dois componentes da ficção se estabelece — visível a nível do discurso — fornece ao leitor o índice de confiança necessário para que este possa acreditar nos juízos de valor que sobre o protagonista se tecem. Veja-se, por exemplo, logo no primeiro conto, a insistência com que o narrador evidencia o seu próprio espírito positivo e realista — a contrastar com o de Macário; ou, em «José Matias», o modo como o perfil psicológico do narrador (professor de Filosofia) se vai insinuando no texto, a sugerir um modo de ser antagónico ao do protagonista. Por outro lado, porém, o discurso fornece-nos inúmeras reacções de simpatia — o que implica aproximação — do narrador para com a personagem. Explicáveis ou por um estado de espírito ocasional («Singularidades de Uma Rapariga Loura») ou de permanente perplexidade («José Matias»), ou por qualquer laço de afinidade («Um Poeta Lírico») ou afectividade («Civilização»), o facto é que o narrador e os seus juízos se tornam vulneráveis perante o espírito crítico do leitor. Já não é só o protagonista que está em jogo. O próprio narrador torna-se, também ele, objecto passível de análise. Assim se destrói da mesma forma a pretensa identificação autor/narrador: a subjectividade imposta pelo discurso em primeira pessoa acaba por ser ridicularizada. Mesmo nos textos de discurso em terceira pessoa, essa identificação — se a há — é, na maior parte dos casos, plural: habita diversas consciências que, ironicamente, se desconstroem sucessivamente. Como Óscar Lopes e António José Saraiva afirmaram («Eça de Queirós»* in História da Literatura Portuguesa), *«na ficção queirosiana tudo acaba por revelar-se, não como realidade mas como 'humor', como subjectividade desmascarada, ou antes, objectivada por conotação».*

Repare-se ainda na ligação título/texto. Regra geral, o título funciona como um marco orientador de sentidos. Remete-nos ou para uma personagem («Frei Genebro», «José Matias»), ou para um espaço vital no desenvolvimento da intriga («No Moinho»), ou para conceitos que vão ser postos em causa («Civilização», «Perfeição») ou para qualidades que se procuram evidenciar («Singularidades de Uma Rapariga Loura»), etc. Por vezes, porém, essa simplicidade é apenas aparente.

Neste último exemplo, a relação da primeira frase com o título cria, desde logo, uma inversão na expectativa do leitor. Tudo parece indicar que o texto incidirá sobre uma rapariga loura — provável protagonista — ou melhor, sobre determinada(s) particularidade(s) que faz(em) dela uma personagem fora do habitual. Daí que vulgarmente se tome este conto como a história de uma cleptómana. A primeira frase do texto («Começou por me dizer que o seu caso era simples — e que se chamava Macário ...») apresenta-nos uma outra personagem a quem a ficção vai atribuir o papel de verdadeiro protagonista: de facto, é ele quem vai sofrer metamorfoses ao longo de toda a história, é ele o verdadeiro objecto de análise. Na analepse (anacronia que preenche uma lacuna relativa a um acontecimento logicamente anterior numa narrativa) que se inicia logo após aquela primeira frase estão já presentes os elementos que, em parte, predeterminam o comportamento de Macário e o desenlace da intriga. Entre eles sobressai a configuração moral do protagonista — apresentada ou adivinhada através da configuração física —, cujo traço insistentemente insinuado é a rectidão de carácter.

A este respeito é interessante notar que, ao longo do texto, o adjectivo «singular» caracteriza não a rapariga loura mas Macário («singular clareza e rectidão»; voz singularmente sentida») ou a relação que este estabelece com aquela («acidente singular da vida amorosa»). A única vez que se caracteriza a rapariga loura com tal adjectivo, o narrador tem o cuidado de evidenciar que tal especificação não é sua, mas do próprio protagonista: «Segundo me disse Macário — era muito singular o temperamento de Luísa.» Para se chegar às «Singularidades de Uma Rapariga Loura», necessário se torna percorrer todo um caminho de subjectividades e de histórias sobrepostas. A singularidade de Luísa interessa a Macário;

a de Macário ao narrador; a do narrador ao leitor. Na verdade, o narrador possui também um traço particularizante: o de ter sido ele a ouvir uma história que, por ser singular, o leva a assumir a sua função («devo contar»).

O caso de Macário surge, assim, perante nós. Anote-se o «preparar» (em sentido descendente) do estado de espírito do protagonista: a visão da mulher de cabelos negros (mais uma inversão na expectativa do leitor) a funcionar como elemento desencadeador de uma alteração espiritual que tem, por consequência, uma imediata reacção à visão dos cabelos louros; o jogo amoroso que se estabelece entre os dois, em que a imagem simbólica das cortinas sugere, cumulativamente, o ambiente de mistério em que vai decorrer a sua relação e a ausência de espírito crítico de Macário. Vejam-se, depois, os traços da degradação: o corte familiar, com a consequente não integração no espaço social envolvente; as dificuldades físicas e morais por que passa o protagonista; o acentuar do seu acritismo — a não-problematização sobre tudo o que lhe diz respeito (o seu trabalho, os incidentes intrigantes, o comportamento de Luísa e o do amigo do chapéu de palha, a falta de vontade própria). Só perante uma evidência — o roubo do anel — Macário parece retomar o traço essencial herdado da família (repare-se na descrição do Tio Francisco): a rectidão de carácter. Na brevidade de uma palavra («vai-te») se adivinha a inflexibilidade de uma posição.

Diferente é o caso de «Um Poeta Lírico». Este segundo conto, que possui inúmeros pontos de contacto com o anterior, é a história de um ultra-romântico com todo o consequente anacronismo com o mundo que o rodeia. O desfasamento entre o Ser (a essência) e o Estar (localização espácio-temporal) do protagonista é logo sugerido no início do texto: «O cabelo comprido de terror, caído sobre a gola da casaca, era manifestamente de um meridional, e toda a sua magreza friorenta se encolhia ao aspecto daqueles telhados cobertos de neve, na sensação daquele silêncio lívido ...»

O modo como as referências ao estado de espírito (mundo interior) de Korriscosso e à comida (mundo exterior) se entrecruzam e se chocam, o paralelismo constante entre atitudes pertencentes ao domínio do Ser e do Estar do protagonista, a que assistimos ao longo de toda a narrativa, dão-nos a dimensão trágico-cómica desse desajustamento, confessado no final do conto: «Mas o que o tortura é o contacto constante com o alimento. [...] num restaurante, como se pode exercer o gosto, a originalidade artística, o instinto da cor, do efeito, do drama — a partir de nacos de rosbife ou de presunto de York?... [...] As vezes, encostado a uma janela, de guardanapo no braço, Korriscosso está fazendo uma elegia; são tudo luares, roupagens alvas, virgens pálidas, horizontes celestes, flores da alma dorida... É feliz; está remontando em céus poéticos, nas planícies azuladas onde os sonhos acampam, galopando de estrela em estrela... De repente, uma grossa voz faminta berra de um canto:
— *Bife e batatas!»*

Como ser em conflito, extremamente irónico enquanto espaço coincidente de contrários, Korriscosso simboliza o confronto dos valores materiais e espirituais da época.

E que dizer, em poucas palavras, de um «José Matias»? Para Maria Lúcia Lepecki (v. «José Matias» in Eça na Ambiguidade), *«'José Matias' pode definir-se pela sequência 'espiritualista-amoroso-irrealizado-inexplicado'». Todo o texto seria, pois, a especulação do narrador sobre cada um destes componentes. A ambivalência do protagonista, que se mantém até às últimas linhas, a estrutura complexa do próprio conto e a sua qualidade poética são elementos que explicam, em parte, a atenção mais cuidada que «José Matias» tem suscitado entre os críticos. Como afirmou Jacinto do Prado Coelho (v. A Letra e o Leitor), «José Matias é um grotesco sublime. Doente ou espírito eleito? O contraste e a ambiguidade dominam a narrativa. O filósofo hegeliano, no final do conto, mantém-se perplexo perante 'esse inexplicável José*

Matias que era talvez muito mais que um homem — ou talvez menos que um homem'...».

Uma atenção especial tem também merecido «Civilização», tanto pelas variadas leituras que tem permitido, como ainda por estar na base do que viria a ser um dos romances (ou ainda «essencialmente um conto», como pretende Massaud Moisés?) mais conhecidos de Eça de Queirós: A Cidade e as Serras. *De facto, «Civilização» possui já, em estado embrionário, os ingredientes necessários para as diversas interpretações de que aquele romance tem sido alvo. Assim, Jacinto é susceptível de representar o processo antitético ociosidade/ocupação (António Sérgio); a fuga à melancolia (Mário Sacramento); o retorno a Portugal do expatriado que se arrepende (João Medina); a crítica ao excesso de civilização, ou seja, à crença no progresso científico pregado pelos positivistas (Machado Pires); a procura da felicidade advinda da «beatude da vida simples, patriarcal, na aldeia» (J. Prado Coelho). Para este último autor, Eça teria querido, ao refundir e desenvolver «Civilização», superar a tese e a antítese expostas no conto por uma síntese, uma solução de equilíbrio (v.* A Letra e o Leitor*).*

No seu conjunto, os contos ecianos constituem-se, pois, como pequenos ensaios de crítica e de fantasia, marcados pelo exercício de uma escrita que, por vezes, parece sobrepor-se à própria história.

«No Moinho» ilustra bem o que se pode entender por ensaio de «tese». Nele se procuram analisar as causas primárias que levam Maria da Piedade a tornar-se uma «histérica»: a educação, alicerçada nas leituras românticas que acentuam uma sensibilidade mórbida; a frustração recalcada de uma paixão que não chega a deflagrar; a aparente abnegação demonstrada na vida familiar, dedicada aos filhos e a um marido inválido; e, fundamentalmente, uma tendência enraizada por laços hereditários — Maria da Piedade era filha de pai alcoólico e de mãe doente — que as circunstâncias acabam por fazer despertar.

«A Aia», «Frei Genebro» ou «O Suave Milagre» são susceptíveis de incorporar a ideia fulcral da última fase de Eça: é a época do espiritualismo e do idealismo. Se nos contos, na sua generalidade, se pressente a fuga à disciplina realista, nestes dois últimos textos o escritor parece dar largas à fantasia e libertar-se totalmente da rigidez normativa imposta por aquela corrente estético-ideológica. A abertura de alguns contos é já índice de um desejo de atemporalidade: «Nesse tempo ainda vivia, na sua solidão das montanhas da Úmbria, o divino Francisco de Assis ...» («Frei Genebro»); «Os três irmãos de Medranhos, Rui, Guanes e Rostabal, eram então, em todo o reino das Astúrias, os fidalgos mais famintos e os mais remendados» («O Tesouro»); «Era uma vez um rei, moço e valente [...]» («Aia»); «Nesse tempo Jesus ainda se não afastara da Galileia [...]» («O Suave Milagre»).

Atemporal é também, e será sempre, o incomparável estilo de Eça de Queirós. E, porque «tudo precisa ser apontado num risco leve e sóbrio», o conto é, entre as formas narrativas, aquela em que melhor podemos desfrutar dos recursos estilísticos utilizados para precisar qualquer descrição ou cena. A dimensão poética da escrita queirosiana pode cifrar-se, por exemplo, no simetrismo da construção frásica a que assistimos n'«O Suave Milagre» («O Obed é rico e tem servos, e debalde buscaram Jesus, por areais e colinas, desde Chorazim até ao país de Moab. Sétimo é forte e tem soldados e debalde correram por Jesus, desde o Hébron até ao mar!»; a precisão do traço, nesta simples passagem de «A Aia»: «A rainha chorou magnificamente o rei. Chorou ainda desoladamente o esposo, que era formoso e alegre. Mas, sobretudo, chora ansiosamente o pai, que assim deixava o filhinho desamparado [...]» (o sublinhado é nosso); a vivacidade de uma escrita, em toda a sua obra, que fez arrancar de António Sérgio estas palavras: «[...] o estilo de Eça, comparado ao de Flaubert, é um iate à bolina — a cortar com agudeza, a deslizar rapidíssimo, a balançar-se com donaire sobre o intumescer das ondas. Os períodos, *fulgentes, são o perpassar de um velame — e deslumbram quem lê. Tudo ali é vivente, tudo aquilo é nervoso; tudo é brilho, esbelteza, agilidade, graça, à luz que circunfunde do seu claro estilo»;* o prazer da leitura, esse, deixamo-lo à responsabilidade do leitor ...

MARIA DAS GRAÇAS MOREIRA DE SÁ

CRITÉRIOS DESTA EDIÇÃO

A escolha dos oito textos aqui presentes resultou essencialmente da confluência de dois tipos de factores: por um lado, a necessidade de servir os alunos do ensino secundário e o público em geral pela inserção não só dos principais contos indicados nos programas escolares como ainda dos que se julgaram mais conhecidos e apreciados, quer pelos temas, quer pela sua beleza formal; por outro, o desejo de reunir, entre esses, os mais susceptíveis de representarem uma das actividades em que Eça de Queirós foi exímio: a de contista.

Para a fixação do texto foram seguidos de perto os critérios de Helena Cidade Moura *(Contos,* Edição Livros do Brasil, Lisboa) e optou-se, tal como a autora, pela ordenação cronológica dos contos.

CONTOS ESCOLHIDOS

SINGULARIDADES DE UMA RAPARIGA LOURA

I

Começou por me dizer que o seu caso era simples — e que se chamava Macário...

Devo contar que conheci este homem numa estalagem do Minho. Era alto e grosso: tinha uma calva larga, luzidia e lisa, com repas brancas que se lhe eriçavam em redor: e os seus olhos pretos, com a pele em roda engelhada e amarelada, e olheiras papudas, tinham uma singular clareza e rectidão — por trás dos seus óculos redondos com aros de tartaruga. Tinha a barba rapada, o queixo saliente e resoluto. Trazia uma gravata de cetim negro apertada por trás com uma fivela; um casaco comprido cor de pinhão, com as mangas estreitas e justas e canhões de veludilho. E pela longa abertura do seu colete de seda, onde reluzia um grilhão antigo — saíam as pregas moles duma camisa bordada.

Era isto em Setembro; já as noites vinham mais cedo, com uma friagem fina e seca e uma escuridão aparatosa. Eu tinha descido da diligência, fatigado, esfomeado, tiritando num cobrejão de listras escarlates.

Vinha de atravessar a serra e os seus aspectos pardos e desertos. Eram oito horas da noite. Os céus estavam pesados e sujos. E, ou fosse um certo adormecimento cerebral produzido pelo rolar monótono da diligência, ou fosse a debilidade nervosa da fadiga, ou a influência da paisagem escarpada e chata, sobre o côn-

cavo silêncio nocturno, ou a opressão da electricidade que
enchia as alturas, o facto é que eu — que sou naturalmente positivo e realista — tinha vindo tiranizado pela
imaginação e pelas quimeras. Existe no fundo de cada
um de nós, é certo — tão friamente educados que sejamos — um resto de misticismo; e basta às vezes uma
paisagem soturna, o velho muro dum cemitério, um ermo
ascético, as emolientes brancuras dum luar — para que
esse fundo místico suba, se alargue como um nevoeiro,
encha a alma, a sensação e a ideia, e fique assim o mais
matemático, ou o mais crítico, tão triste, tão visionário,
tão idealista — como um velho monge poeta. A mim, o
que me lançara na quimera e no sonho, fora o aspecto
do Mosteiro de Rostelo, que eu tinha visto, na claridade
suave e outonal da tarde, na sua doce colina. Então,
enquanto anoitecia, a diligência rolava continuamente ao
trote esgalgado dos seus magros cavalos brancos, e o
cocheiro, com o capuz do gabão enterrado na cabeça,
ruminava o seu cachimbo — eu pus-me elegiacamente,
ridiculamente, a considerar a esterilidade da vida: e desejava ser um monge, estar num convento, tranquilo, entre
arvoredos, ou na murmurosa concavidade dum vale, e
enquanto a água da cerca canta sonoramente nas bacias
de pedra, ler a «Imitação», e ouvindo os rouxinóis nos
loureirais ter saudades do Céu. — Não se pode ser mais
estúpido. Mas eu estava assim, e atribuo a esta disposição visionária a falta de espírito — a sensação — que
me fez a história daquele homem dos canhões de veludilho.

A minha curiosidade começou à ceia, quando eu
desfazia o peito duma galinha afogada em arroz branco,
com fatias escarlates de paio — e a criada, uma gorda
e cheia de sardas, fazia espumar o vinho verde no copo,
fazendo-o cair de alto de uma caneca vidrada: o homem
estava defronte de mim, comendo tranquilamente a sua
geleia: perguntei-lhe, com a boca cheia, o meu guardanapo de linho de Guimarães suspenso nos dedos — se ele
era de Vila Real.

— Vivo lá. Há muitos anos — disse-me ele.

— Terra de mulheres bonitas, segundo me consta — disse eu.

O homem calou-se.

— Hem? — tornei.

O homem contraiu-se num silêncio saliente. Até aí estivera alegre, rindo dilatadamente; loquaz e cheio de bonomia. Mas então imobilizou o seu sorriso fino.

Compreendi que tinha tocado a carne viva de uma lembrança. Havia decerto no destino daquele velho uma «mulher». Aí estava o seu melodrama ou a sua farsa, porque inconscientemente estabeleci-me na ideia de que o «facto», o «caso» daquele homem, devera ser grotesco, e exalar escárnio.

De sorte que lhe disse:

— A mim têm-me afirmado que as mulheres de Vila Real são as mais bonitas do Minho. Para olhos pretos Guimarães, para corpos Santo Aleixo, para tranças os Arcos: é lá que se vêem os cabelos claros cor de trigo.

O homem estava calado, comendo, com os olhos baixos.

— Para cinturas finas Viana, para boas peles Amarante — e para isto tudo Vila Real. Eu tenho um amigo que veio casar a Vila Real. Talvez conheça. O Peixoto, um alto, de barba loura, bacharel.

— O Peixoto, sim — disse-me ele, olhando gravemente para mim.

— Veio casar a Vila Real como antigamente se ia casar à Andaluzia — questão de arranjar a fina-flor da perfeição. — A sua saúde.

Eu evidentemente constrangia-o, porque se ergueu, foi à janela com um passo pesado, e eu reparei então nos seus grossos sapatos de casimira com sola forte e atilhos de couro. E saiu.

Quando eu pedi o meu castiçal, a criada trouxe-me um candeeiro de latão lustroso e antigo e disse:

— O senhor está com outro. É no n.º 3.

Nas estalagens do Minho, às vezes, cada quarto é um dormitório impertinente.

— Vá — disse eu.

O n.º 3 era no fundo do corredor. Às portas dos lados os passageiros tinham posto o seu calçado para engraxar: estavam umas grossas botas de montar, enlameadas, com esporas de correia; os sapatos brancos dum caçador, botas de proprietário, de altos canos vermelhos; as botas dum padre, altas, com a sua borla de retrós; os botins cambados de bezerro, de um estudante; e a uma das portas, o n.º 15, havia umas botinas de mulher, de duraque, pequeninas e finas, e ao lado as pequeninas botas duma criança, todas coçadas e batidas, e os seus canos de pelica-mor caíam-lhe para os lados com os atacadores desatados. Todos dormiam. Defronte do n.º 3 estavam os sapatos de casimira com atilhos: e quando abri a porta vi o homem dos canhões de veludilho, que amarrava na cabeça um lenço de seda: estava com uma jaqueta curta de ramagens, uma meia de lã, grossa e alta, e os pés metidos nuns chinelos de ourelo.

— O senhor não repare — disse ele.
— À vontade. — E para estabelecer intimidade tirei o casaco.

Não direi os motivos por que ele daí a pouco, já deitado, me disse a sua história. Há um provérbio eslavo da Galícia que diz: «O que não contas à tua mulher, o que não contas ao teu amigo, conta-lo a um estranho, na estalagem.» Mas ele teve raivas inesperadas e dominantes para a sua larga e sentida confidência. Foi a respeito do meu amigo, do Peixoto, que fora casar a Vila Real. Vi-o chorar, àquele velho de quase sessenta anos. Talvez a história seja julgada trivial: a mim, que nessa noite estava nervoso e sensível, pareceu-me terrível — mas conto-a apenas como um acidente singular da vida amorosa...

Começou pois por me dizer que o seu caso era simples — e que se chamava Macário.

Perguntei-lhe então se era duma família que eu conhecera, que tinha o apelido de «Macário». E como ele me respondeu que era primo desses, eu tive logo do seu carácter uma ideia simpática, porque os Macários eram uma antiga família, quase uma dinastia de comerciantes, que mantinham com uma severidade religiosa a sua velha tradição de honra e de escrúpulo. Macário disse-me que nesse tempo, em 1823 ou 33, na sua mocidade, seu tio Francisco tinha, em Lisboa, um armazém de panos, e ele era um dos caixeiros. Depois o tio compenetrara-se de certos instintos inteligentes e do talento prático e aritmético de Macário, e deu-lhe a escrituração. Macário tornou-se o seu «guarda-livros».

Disse-me ele que sendo naturalmente linfático e mesmo tímido, a sua vida tinha nesse tempo uma grande concentração. Um trabalho escrupuloso e fiel, algumas raras merendas no campo, um apuro saliente de fato e de roupas brancas, era todo o interesse da sua vida. A existência, nesse tempo, era caseira e apertada. Uma grande simplicidade social aclarava os costumes: os espíritos eram mais ingénuos, os sentimentos menos complicados.

Jantar alegremente numa horta, debaixo das parreiras, vendo correr a água das regas — chorar com os melodramas que rugiam entre os bastidores do Salitre, alumiados a cera, eram contentamentos que bastavam à burguesia cautelosa. Além disso, os tempos eram confusos e revolucionários: e nada torna o homem recolhido, conchegado à lareira, simples e facilmente feliz — como a guerra. É a paz que, dando os vagares da imaginação, causa as impaciências do desejo.

Macário, aos vinte e dois anos, ainda não tinha — como lhe dizia uma velha tia, que fora querida do desembargador Curvo Semedo, da Arcádia — «sentido Vénus».

Mas por esse tempo veio morar para defronte do armazém dos Macários, para um terceiro andar, uma mulher de quarenta anos, vestida de luto, uma pele branca e baça, o busto bem feito e redondo e um aspecto desejável. Macário tinha a sua carteira no primeiro andar por cima do armazém, ao pé duma varanda, e dali viu uma manhã aquela mulher com o cabelo preto solto e anelado, um chambre branco e braços nus, chegar-se a uma pequena janela de peitoril, a sacudir um vestido. Macário afirmou-se, e, sem mais intenção, dizia mentalmente que aquela mulher, aos vinte anos, devia ter sido uma pessoa cativante e cheia de domínio: porque os seus cabelos violentos e ásperos, o sobrolho espesso, o lábio forte, o perfil aquilino e firme, revelavam um temperamento activo e imaginações apaixonadas. No entanto, continuou serenamente alinhando as suas cifras. Mas à noite estava sentado fumando à janela do seu quarto, que abria sobre o pátio: era em Julho e a atmosfera estava eléctrica e amorosa: a rabeca dum vizinho gemia uma xácara mourisca, que então sensibilizava e era dum melodrama; o quarto estava numa penumbra doce e cheia de mistério — e Macário, que estava em chinelas, começou a lembrar-se daqueles cabelos negros e fortes e daqueles braços que tinham a cor dos mármores pálidos: espreguiçou-se, rolou morbidamente a cabeça pelas costas da cadeira de vime, como os gatos sensíveis que se esfregam, e decidiu bocejando que a sua vida era monótona. E ao outro dia, ainda impressionado, sentou-se à sua carteira com a janela toda aberta, e olhando o prédio fronteiro, onde viviam aqueles cabelos grandes — começou a aparar vagarosamente a sua pena de rama. Mas ninguém se chegou à janela de peitoril, com caixilhos verdes. Macário estava enfastiado, pesado — e o trabalho foi lento. Pareceu-lhe que havia na rua um sol alegre, e que nos campos as sombras deviam ser mimosas e que se estaria bem vendo o palpitar das borboletas brancas nas madressilvas! E quando fechou a carteira sentiu defronte correr-se a vidraça; eram decerto os cabelos pretos. Mas apareceram uns cabelos louros. Oh! E Macário veio logo salientemente para a varanda aparar um lápis. Era uma rapariga de vinte anos, talvez — fina, fresca, loura como uma vinheta inglesa: a brancura da pele tinha alguma coisa da transparência das velhas porcelanas, e havia no seu perfil uma linha pura, como de uma medalha antiga, e os velhos poetas pitorescos ter-lhe-iam chamado — pomba, arminho, neve e ouro.

Macário disse consigo:

— É filha.

A outra vestia de luto, mas esta, a loura, tinha um vestido de cassa com pintas azuis, um lenço de cambraia traspassado sobre o peito, as mangas pendidas com rendas, e tudo aquilo era asseado, moço, fresco, flexível e tenro.

Macário, nesse tempo, era louro, com a barba curta. O cabelo era anelado e a sua figura devia ter aquele ar seco e nervoso que depois do século XVIII e da Revolução foi tão vulgar nas raças plebeias.

A rapariga loura reparou naturalmente em Macário, mas naturalmente desceu a vidraça, correndo por trás uma cortina de cassa bordada. Estas pequenas cortinas datam de Goethe e elas têm na vida amorosa um interessante destino: revelam. Levantar-lhe uma ponta e espreitar, franzi-la suavemente, revela um fim; corrê-la, pregar nela uma flor, agitá-la fazendo sentir que por trás um rosto atento se move e espera — são velhas maneiras com que na realidade e na arte começa o romance. A cortina ergueu-se devagarinho e o rosto louro espreitou.

Macário não me contou por pulsações — a história minuciosa do seu coração. Disse singelamente que daí a cinco dias — «estava doudo por ela». O seu trabalho tornou-se logo vagaroso e infiel e o seu belo cursivo inglês, firme e largo, ganhou curvas, ganchos, rabiscos, onde estava todo o romance impaciente dos seus nervos. Não a podia ver pela manhã: o sol mordente de Julho batia e escaldava a pequena janela de peitoril. Só pela tarde, a cortina se franzia, se corria a vidraça, e ela, estendendo uma almofadinha no rebordo do peitoril, vinha encostar-se mimosa e fresca com o seu leque. Leque que preocupou Macário: era uma ventarola chinesa, redonda, de seda branca com dragões escarlates bordados à pena, uma cercadura de plumagem azul, fina e trémula como uma penugem e o seu cabo de marfim, donde pendiam duas borlas de fio de ouro, tinha incrustações de nácar à linda maneira persa.

Era um leque magnífico e naquele tempo inesperado nas mãos plebeias duma rapariga vestida de cassa. Mas como ela era loura e a mãe tão meridional, Macário, com esta intuição interpretativa dos namorados, disse à sua curiosidade: «Será filha dum inglês.» O inglês vai à China, à Pérsia, a Ormuz, à Austrália e vem cheio daquelas jóias dos luxos exóticos, e nem Macário sabia porque é que aquela ventarola de mandarina o preocupava assim: mas segundo ele me disse — «aquilo deu-lhe no goto».

Tinha-se passado uma semana, quando um dia Macário viu, da sua carteira, que ela, a loura, saía com a mãe, porque se acostumara a considerar mãe dela aquela magnífica pessoa, magnificamente pálida e vestida de luto.

Macário veio à janela e viu-as atravessar a rua e entrarem no armazém. No seu armazém! Desceu logo trémulo, sôfrego, apaixonado e com palpitações. Estavam elas já encostadas ao balcão e um caixeiro desdobrava-lhes defronte casimiras pretas. Isto comoveu Macário. Ele mesmo mo disse.

— Porque enfim, meu caro, não era natural que elas viessem comprar, para si, casimiras pretas.

E não: elas não usavam «amazonas», não quereriam decerto estofar cadeiras com casimira preta, não havia homens em casa delas; portanto aquela vinda ao armazém era um meio delicado de o ver de perto, de lhe falar, e tinha o encanto penetrante duma mentira sentimental. Eu disse a Macário que, sendo assim, ele devia estranhar aquele movimento amoroso, porque denotava na mãe uma cumplicidade equívoca. Ele confessou-me «que nem pensava em tal». O que fez foi chegar ao balcão e dizer estupidamente:

— Sim senhor, vão bem servidas, estas casimiras não encolhem.

E a loura ergueu para ele o seu olhar azul e foi como se Macário se sentisse envolvido na doçura dum céu.

Mas quando ele ia dizer-lhe uma palavra reveladora e veemente, apareceu ao fundo do armazém o tio Francisco, com o seu comprido casaco cor de pinhão, de botões amarelos. Como era singular e desusado achar-se o senhor guarda-livros vendendo ao balcão e o tio Francisco, com a sua crítica estreita e celibatária, escandalizar-se, Macário começou a subir vagarosamente a escada em caracol que levava ao escritório, e ainda ouviu a voz delicada da loura dizer brandamente:

— Agora queria ver lenços da Índia.

E o caixeiro foi buscar um pequenino pacote daqueles lenços, acamados e apertados numa tira de papel dourado.

Macário, que tinha visto naquela visita uma revelação de amor, quase uma «declaração», esteve todo o dia entregue às impaciências amargas da paixão. Andava distraído, abstracto, pueril, não deu atenção à escrituração, jantou calado, sem escutar o tio Francisco que exaltava as almôndegas, mal reparou no seu ordenado que lhe foi pago em pintos às três horas, e não entendeu bem as recomendações do tio e a preocupação dos caixeiros sobre o desaparecimento dum pacote de lenços da Índia.

— É o costume de deixar entrar pobres no armazém — tinha dito no seu laconismo majestoso o tio Francisco. — São doze mil réis de lenços. Lance à minha conta.

Macário, no entanto, ruminava secretamente uma carta, mas sucedeu que ao outro dia, estando ele à varanda, a mãe, a de cabelos pretos, veio encostar-se ao peitoril da janela, e neste momento passava na rua um rapaz amigo de Macário, que vendo aquela senhora, afirmou-se e tirou-lhe, com uma cortesia toda risonha, o seu chapéu de palha. Macário ficou radioso: logo nessa noite procurou o seu amigo, e abruptamente, sem meia-tinta:

— Quem é aquela mulher que tu hoje cumprimentaste defronte do armazém?

— É a Vilaça. Bela mulher.
— E a filha?
— A filha!
— Sim, uma loura, clara, com um leque chinês.
— Ah! sim. É filha.
— É o que eu dizia...
— Sim, e então?
— É bonita.
— É bonita.

45

— É gente de bem, hem?
— Sim, gente de bem.
— Está bom! Tu conhece-las muito?
— Conheço-as. Muito não. Encontrava-as dantes em casa de D. Cláudia.
— Bem, ouve lá.

E Macário, contando a história do seu coração acordado e exigente e falando do amor com as exaltações de então, pediu-lhe com a glória da sua vida «que achasse um meio de o encaixar lá». Não era difícil. As Vilaças costumavam ir aos sábados a casa de um tabelião muito rico da Rua dos Calafates: eram assembleias simples e pacatas, onde se cantavam motetes ao cravo, se glosavam motes e havia jogos de prendas do tempo da senhora D. Maria I, e às nove horas a criada servia a orchata. Bem. Logo no primeiro sábado, Macário, de casaca azul, calças de ganga com presilhas de trama de metal, gravata de cetim roxo, curvava-se diante da esposa do tabelião, a sr.ª D. Maria da Graça, pessoa seca e aguçada, com um vestido bordado a matiz, um nariz adunco, uma enorme luneta de tartaruga, a pluma de *marabout* nos seus cabelos grisalhos. A um canto da sala já lá estava, entre um frufru de vestidos enormes, a menina Vilaça, a loura, vestida de branco, simples, fresca, com o seu ar de gravura colorida. A mãe Vilaça, a soberba mulher pálida, cochichava com um desembargador de figura apopléctica. O tabelião era homem letrado, latinista, e amigo das musas; escrevia num jornal de então, a «Alcofa das Damas»: porque era sobretudo galante, e ele mesmo se intitulava, numa ode pitoresca, «moço escudeiro de Vénus». Assim, as suas reuniões eram ocupadas pelas belas-artes — e numa noite, um poeta do tempo devia vir ler um poemeto intitulado «Elmira ou a Vingança do Veneziano»!... Começavam então a aparecer as primeiras audácias românticas. As revoluções da Grécia principiavam a atrair os espíritos romanescos e saídos da mitologia para os países maravilhosos do Oriente. Por toda a parte se falava no paxá de Janina. E a poesia apossava-se vorazmente deste mundo novo e virginal de minaretes, serralhos, sultanas cor de âmbar, piratas do Arquipélago, e salas rendilhadas, cheias do perfume do aloés onde paxás decrépitos acariciam leões. — De sorte que a curiosidade era grande — e quando o poeta apareceu com os cabelos compridos, o nariz adunco e fatal, o pescoço entalado na alta gola do seu fraque à Restauração e um canudo de lata na mão — o sr. Macário é que não teve sensação alguma, porque lá estava todo absorvido, falando com a menina Vilaça. E dizia-lhe meigamente:

— Então, noutro dia, gostou das casimiras?
— Muito — disse ela baixo.

E, desde esse momento, envolveu-os um destino nupcial.

No entanto na larga sala, a noite passava-se espiritualmente. Macário não pôde dar todos os pormenores históricos e característicos daquela assembleia. Lembrava-se apenas que um corregedor de Leiria recitava o «Madrigal a Lídia»: lia-o de pé, com uma luneta redonda aplicada sobre o papel, a perna direita lançada para diante, a mão na abertura do colete branco de gola alta, e em redor, formando círculo, as damas, com vestidos de ramagens, cobertas de plumas, as mangas estreitas, terminadas num fofo de rendas, mitenes de retrós preto cheias da cintilação dos anéis, tinham sorrisos ternos, cochichos, doces murmurações, risinhos, e um brando palpitar de leques recamados de lantejoulas. «Muito bonito», diziam, «muito bonito!» E o corregedor, desviando a luneta, cumprimentava sorrindo — e via-se-lhe um dente podre.

Depois a preciosa D. Jerónima da Piedade e Sande, sentando-se com maneiras comovidas ao cravo, cantou com a sua voz roufenha a antiga ária de Sully:

Oh Ricardo, oh meu rei,
O mundo te abandona.

O que obrigou o terrível Gaudêncio, democrata de 20 e admirador de Robespierre, a rosnar rancorosamente junto de Macário:

— Reis!... víboras!

Depois o cónego Saavedra cantou uma modinha de Pernambuco muito usada no tempo do senhor D. João VI: «Lindas moças, lindas moças.» E a noite ia assim correndo, literária, pachorrenta erudita, requintada e toda cheia de musas.

Oito dias depois, Macário era recebido em casa da Vilaça, num domingo. A mãe convidara-o, dizendo-lhe:

— Espero que o vizinho honre aquela choupana.

E até o desembargador apopléctico, que estava ao lado, exclamou:

— Choupana! Diga alcáçar, formosa dama!

Estavam, nesta noite, o amigo do chapéu de palha, um velho cavaleiro de Malta, trôpego, estúpido e surdo, um beneficiado da Sé, ilustre pela sua voz de tiple, e as manas Hilárias, a mais velha das quais, tendo assistido, como aia de uma senhora da Casa da Mina, à tourada de Salvaterra, em que morreu o conde dos Arcos, nunca deixava de narrar os episódios pitorescos daquela tarde: a figura do conde dos Arcos de cara rapada e uma fita de cetim escarlate no rabicho; o soneto que um magro poeta, parasita da Casa de Vimioso, recitou quando o conde entrou, fazendo ladear o seu cavalo negro, arreado à espanhola, com um xairel onde as suas armas estavam lavradas em prata; o tombo que nesse momento um frade de S. Francisco deu na trincheira alta, e a hilaridade da corte, que até a senhora condessa de Povolide apertava as mãos nas ilhargas; depois el-rei o senhor D. José I, vestido de veludo escarlate, recamado de ouro, todo encostado ao rebordo do seu palanque, fazendo girar entre os dedos a sua caixa de rapé cravejada, e por trás, imóveis, o físico Lourenço e o frade, seu confessor; depois o rico aspecto da praça cheia de gente de Salvaterra, maiorais, mendigos dos arredores, frades, lacaios, e o grito que houve, quando D. José I entrou: — Viva el-rei, nosso senhor! — E o povo ajoelhou, e el-rei tinha-se sentado, comendo doces, que um criado trouxe num saco de veludo atrás dele. Depois a morte do conde dos Arcos, os desmaios, e até el-rei todo debruçado, batendo com a mão no parapeito, gritava na confusão, e o capelão da Casa dos Arcos que tinha corrido a buscar a extrema-unção. Ela, Hilária, ficara atarracada de pavor: sentia os urros dos bois, gritos agudos de mulheres, os ganidos dos flatos, e vira então um velho, todo vestido de veludo preto, com a fina espada na mão, debater-se entre fidalgos e damas que o seguravam, e querer atirar-se à praça, bradando de raiva! «É o pai do conde.» Ela então desmaia nos braços de um padre da Congregação. Quando veio a si, achou-se junto da praça; a berlinda real está à porta, com os boleeiros emplumados, os machos cheios de guizos, e os batedores com pampilhos: el-rei já estava dentro, escondido no fundo, pálido, sorvendo febrilmente rapé, todo encolhido com o confessor; e defronte, com uma das mãos apoiada à alta bengala, forte, espadaúdo, com o aspecto carregado, o marquês de Pombal falando devagar e intimativamente, e gesticulando com a luneta: mas os batedores picaram, os estalos dos postilhões retiniram, e a berlinda partiu ao galope, enquanto o povo gritava: — Viva el-rei, nosso senhor! — e o sino da porta da capela do paço tocava a finados! Era uma honra que el-rei concedia à Casa dos Arcos.

Quando D. Hilária acabou de contar, suspirando, estas desgraças passadas, começou-se a jogar. Era singular que Macário não se lembrava o que tinha jogado nessa noite radiosa. Só se recordava que ele tinha ficado ao lado da menina Vilaça, que se chamava Luísa, que reparara muito na sua fina pele rosada, tocada de luz, e na meiga e amorosa pequenez da sua mão, com uma unha mais polida que o marfim de Diepa. E lembrava-se também de um acidente excêntrico, que determinava nele, desde esse dia, uma grande hostilidade ao clero da Sé. Macário estava sentado à mesa, e ao pé dele Luísa: Luísa estava toda voltada para ele, com uma das mãos apoiando a sua fina cabeça loura e amorosa, e a outra esquecida no regaço. Defronte estava o beneficiado, com o seu barrete preto, os seus óculos na ponta aguda do nariz, o tom azulado da forte barba rapada, e as suas duas grandes orelhas, complicadas e cheias de cabelo, separadas do crânio como dois postigos abertos. Ora, como era necessário no fim do jogo pagar uns tentos ao cavaleiro de Malta, que estava ao lado do beneficiado, Macário tirou da algibeira uma peça, e quando o cavaleiro, todo curvado e com um olho pisco, fazia a soma dos tentos nas costas de um ás, Macário conversava com Luísa, e fazia girar sobre o pano verde a sua peça de ouro, como um bilro ou um pião. Era uma peça nova que luzia, faiscava, rodando e fazia a vista como uma bola de névoa dourada. Luísa sorria vendo-a girar, girar, e parecia a Macário que todo o céu, a pureza, a bondade das flores e a castidade das estrelas estavam naquele claro sorriso distraído, espiritual, arcangélico, com que ela, gira, gira, seguia o giro da peça de ouro nova. Mas, de repente, a peça, correndo até à borda da mesa, caiu para o lado do regaço de Luísa, e desapareceu, sem se ouvir no soalho de tábuas o seu ruído metálico. O beneficiado abaixou-se logo cortesmente: Macário afastou a cadeira, olhando para debaixo da mesa: a mãe Vilaça alumiou com um castiçal, e Luísa ergueu-se e sacudiu com pequenina pancada o seu vestido de cassa. A peça não apareceu.

— É célebre — disse o amigo de chapéu de palha — eu não ouvi tinir no chão.

— Nem eu, nem eu — disseram.

O beneficiado, curvado como um F, buscava tenazmente, e Hilária mais nova rosnava o responso de Santo António.

— Pois a casa não tem buracos — dizia a mãe Vilaça.

— Sumiço assim — resmungava o beneficiado.

No entanto Macário exalava-se em exclamações desinteressadas:

— Pelo amor de Deus! Ora que tem! Amanhã aparecerá! Tenham a bondade! Por quem são! Então sr.ª D. Luísa! Pelo amor de Deus! Não vale nada.

Mas mentalmente estabeleceu que houvera uma subtracção — e atribuiu-a ao beneficiado. A peça rolara, decerto, até junto dele, sem ruído, ele pusera-lhe em cima o seu vasto sapato eclesiástico e tachado, depois, no movimento brusco e curto que tivera, empolgara-a vilmente. E quando saíram o beneficiado, todo embrulhado no seu vasto capote de camelão, dizia a Macário pela escada:

— Ora o sumiço da peça, hem? Que brincadeira!
— Acha, senhor beneficiado? — disse Macário parando, absorto de impudência.
— Ora essa! Se acho! Se lhe parece! Uma peça de sete mil réis! Só se o senhor as semeia! Safa! Eu dava em doudo!

Macário teve tédio daquela astúcia fria. Não lhe respondeu. O beneficiado é que acrescentou:

— Amanhã mande lá pela manhã, homem. Que diabo... Deus me perdoe! Que diabo! Uma peça não se perde assim. Que bolada, hem!

E Macário tinha vontade de lhe bater.

Foi neste ponto que Macário me disse, com a voz singularmente sentida:

— Enfim, meu amigo, para encurtarmos razões resolvi-me casar com ela.
— Mas a peça?
— Não pensei mais nisso! Pensava eu lá na peça! Resolvi-me casar com ela!

II

Macário contou-me o que o determinara mais precisamente àquela resolução profunda e perpétua. Foi um beijo. Mas esse caso, casto e simples, eu calo-o — mesmo porque a única testemunha foi uma imagem em gravura da Virgem, que estava pendurada no seu caixilho de pau-preto, na saleta escura que abria para a escada... Um beijo fugitivo, superficial, efémero. Mas isso bastou ao espírito recto e severo para o obrigar a tomá-la como esposa, a dar-lhe uma fé imutável e a posse da sua vida. Tais foram os seus esponsais. Aquela simpática sombra de janelas vizinhas tornara-se para ele um destino, o fim moral da sua vida e toda a ideia dominante do seu trabalho. E esta história toma, desde logo, um alto carácter de santidade e de tristeza.

Macário falou-me muito do carácter e da figura do tio Francisco; a sua possante estatura, os seus óculos de ouro, a sua barba grisalha, em colar, por baixo do queixo, um tique nervoso que tinha numa asa do nariz, a dureza da sua voz, a sua austera e majestosa tranquilidade, os seus princípios antigos, autoritários e tirânicos, e a brevidade telegráfica das suas palavras.

Quando Macário lhe disse, uma manhã, ao almoço, abruptamente, sem transições emolientes: «Peço-lhe licença para casar», o tio Francisco, que deitava o açúcar no seu café, ficou calado, remexendo com a colher, devagar, majestoso e terrível: e quando acabou de sorver pelo pires, com grande ruído, tirou do pescoço o guardanapo, dobrou-o, aguçou com a faca o seu palito, meteu-o na boca e saiu: mas à porta da sala parou, e voltando-se para Macário, que estava de pé, junto da mesa, disse secamente:

— Não.
— Perdão, tio Francisco!
— Não.
— Mas ouça, tio Francisco...
— Não.

Macário sentiu uma grande cólera.

— Nesse caso, faço-o sem licença.
— Despedido da casa.
— Sairei. Não haja dúvida.
— Hoje.
— Hoje.

E o tio Francisco ia a fechar a porta, mas voltando-se:

— Olá! — disse ele a Macário, que estava exasperado, apopléctico, raspando nos vidros da janela.

Macário voltou-se com uma esperança.

— Dê-me daí a caixa do rapé — disse o tio Francisco.

Tinha-lhe esquecido a caixa! Portanto estava perturbado.

— Tio Francisco... — começou Macário.

— Basta. Estamos a doze. Receberá o seu mês por inteiro. Vá.

As antigas educações produziam estas situações insensatas. Era brutal e idiota. Macário afirmou-me que era assim.

Nessa tarde Macário achava-se no quarto duma hospedaria da Praça da Figueira com seis peças, o seu baú de roupa branca e a sua paixão. No entanto estava tranquilo. Sentia o seu destino cheio de apuros. Tinha relações e amizades no comércio. Era conhecido vantajosamente: a nitidez do seu trabalho, a sua honra tradicional, o nome da família, o seu tacto comercial, o seu belo cursivo inglês, abriam-lhe, de par em par, respeitosamente, todas as portas dos escritórios. No outro dia foi procurar alegremente o negociante Faleiro, antiga relação comercial da sua casa.

— De muito boa vontade, meu amigo — disse-me ele. — Quem mo dera cá. Mas, se o recebo, fico de mal com seu tio, meu velho amigo de vinte anos. Ele declarou-mo categoricamente. Bem vê. Força maior. Eu sinto, mas...

E todos a quem Macário se dirigiu, confiado em relações sólidas, receavam «ficar de mal com seu tio, meu velho amigo de vinte anos»..

E todos «sentiam, mas...»

Macário dirigiu-se então a negociantes novos, estranhos à sua casa e à sua família, e sobretudo aos estrangeiros: esperava encontrar gente livre da amizade de vinte anos do tio. Mas, para esses, Macário era desconhecido, e desconhecidos por igual a sua dignidade e o seu hábil trabalho. Se tomavam informações, sabiam que ele fora despedido da casa do tio repentinamente, por causa duma rapariga loura, vestida de cassa. Esta circunstância tirava as simpatias a Macário. O comércio evita o guarda-livros sentimental. De sorte que Macário começou a sentir-se num momento agudo. Procurando, pedindo, rebuscando, o tempo passava, sorvendo, pinto a pinto, as suas seis peças.

Macário mudou para uma estalagem barata, e continuou farejando. Mas, como fora sempre de temperamento recolhido, não criara amigos. De modo que se encontrava desamparado e solitário — e a vida aparecia-lhe como um descampado.

As peças findaram. Macário entrou, pouco a pouco, na tradição antiga da miséria. Ela tem solenidades fatais e estabelecidas: começou por empenhar. Depois vendeu. Relógio, anéis, casaca azul, cadeia, paletó de alamares, tudo foi levando pouco a pouco, embrulhado debaixo do xale, uma velha seca e cheia de asma.

No entanto via Luísa de noite, na saleta escura que dava para o patamar: uma lamparina ardia em cima da mesa; era feliz ali naquela penumbra, todo sentado castamente, ao pé de Luísa, a um canto de um velho canapé de palhinha: não a via de dia, porque trazia já a roupa usada, as botas cambadas, e não queria mostrar à fresca Luísa, toda mimosa nas suas cambraias asseadas, a sua miséria remendada: ali, àquela luz ténue e esbatida, ele exalava a sua paixão crescente e escondia o seu fato decadente. Segundo me disse Macário — era muito singular o temperamento de Luísa. Tinha o carácter louro como o cabelo — se é certo que o louro é uma cor fraca e desbotada: falava pouco, sorria sempre com os seus brancos dentinhos, dizia a tudo «pois sim»; era mais simples, quase indiferente, cheia de transigências.

Amava decerto Macário, mas com todo o amor que podia dar a sua natureza débil, aguada, nula. Era como uma estriga de linho, fiava-se como se queria: e às vezes, naqueles encontros nocturnos, tinha sono.

Um dia, porém, Macário encontrou-a excitada: estava com pressa, o xale traçado à toa, olhando sempre para a porta interior:

— A mamã percebeu — disse ela.

E contou-lhe que a mãe desconfiava, ainda rabugenta e áspera, e que decerto farejava aquele plano nupcial tramado como uma conjuração.

— Porque não me vens pedir à mamã?

— Mas, filha, se eu não posso! Não tenho arranjo nenhum. Espera. É mais um mês talvez. Tenho agora aí um negócio em bom caminho. Morríamos de fome.

Luísa calou-se, torcendo a ponta do xale, com os olhos baixos.

— Mas ao menos — disse ela — enquanto eu te não fizer sinal da janela, não subas mais, sim?

Macário rompeu a chorar, os soluços saíam violentos e desesperados.

— Chut! — dizia-lhe Luísa. — Não chores alto!...

Macário contou-me a noite que passou, ao acaso pelas ruas, ruminando febrilmente a sua dor, e lutando, sob a nudenta friagem de Janeiro, na sua quinzena curta. Não dormiu, e logo pela manhã, ao outro dia, entrou como uma rajada no quarto do tio Francisco e disse-lhe abruptamente, secamente:

— É tudo o que tenho. — E mostrava-lhe três pintos. — Roupa, estou sem ela. Vendi tudo. Daqui a pouco tenho fome.

O tio Francisco, que fazia a barba à janela, com o lenço da Índia amarrado na cabeça, voltou-se e, pondo os óculos, fitou-o.

— A sua carteira lá está. Fique — e acrescentou com um gesto decisivo — solteiro.

— Tio Francisco, ouça-me!...

— Solteiro, disse eu — continuou o tio Francisco, dando o fio à navalha numa tira de sola.

— Não posso.

— Então, rua!

Macário saiu, estonteado. Chegou a casa, deitou-se, chorou e adormeceu. Quando saiu, à noitinha, não tinha resolução, nem ideia. Estava como uma esponja saturada. Deixava-se ir.

De repente, uma voz disse de dentro de uma loja:

— Eh! pst! olá!

Era o amigo do chapéu de palha: abriu grandes braços pasmados.

— Que diacho! Desde manhã que te procuro.

E contou-lhe que tinha chegado da província, tinha sabido a sua crise e trazia-lhe um desenlace.
— Queres?
— Tudo.
Uma casa comercial queria um homem hábil, resoluto e duro, para ir numa comissão difícil e de grande ganho a Cabo Verde.
— Pronto! — disse Macário. — Pronto! Amanhã.

E foi logo escrever a Luísa, pedindo-lhe uma despedida, um último encontro, aquele em que os braços desolados e veementes tanto custam a desenlaçar-se. Foi. Encontrou-a toda embrulhada no seu xale, tiritando de frio. Macário chorou. Ela, com a sua passiva e loura doçura, disse-lhe:
— Fazes bem. Talvez ganhes.
E ao outro dia Macário partiu.

Conheceu as viagens trabalhosas nos mares inimigos, o enjoo monótono num beliche abafado, os duros sóis das colónias, a brutalidade tirânica dos fazendeiros ricos, o peso dos fardos humilhantes, as dilacerações da ausência, as viagens ao interior das terras negras e a melancolia das caravanas que costeiam por violentas noites, durante dias e dias, os rios tranquilos, donde se exala a morte.
Voltou.

E logo nessa tarde a viu a ela, Luísa, clara, fresca, repousada, serena, encostada ao peitoril da janela, com a sua ventarola chinesa. E ao outro dia, sofregamente, foi pedi-la à mãe. Macário tinha feito um ganho saliente — e a mãe Vilaça abriu-lhe uns grandes braços amigos, cheia de exclamações. O casamento decidiu-se para daí a um ano.
— Porquê? — disse eu a Macário.

E ele explicou-me que os lucros de Cabo Verde não podiam constituir um capital definitivo: eram apenas um capital de habilitação: trazia de Cabo Verde elementos de poderosos negócios: trabalharia, durante um ano, heroicamente, e ao fim poderia, sossegadamente, criar uma família.

E trabalhou: pôs naquele trabalho a força criadora da sua paixão. Erguia-se de madrugada, comia à pressa, mal falava. À tardinha ia visitar Luísa. Depois voltava sofregamente para a fadiga, como um avaro para o seu cofre. Estava grosso, forte, duro, fero: servia-se com o mesmo ímpeto das ideias e dos músculos; vivia numa tempestade de cifras. Às vezes Luísa, de passagem, entrava no seu armazém: aquele pousar de ave fugitiva dava-lhe alegria, valor, fé, reconforto para todo um mês cheiamente trabalhado.

Por esse tempo o amigo do chapéu de palha veio pedir a Macário que fosse seu fiador por uma grande quantia, que ele pedira para estabelecer uma loja de ferragens em grande. Macário, que estava no vigor do seu crédito, cedeu com alegria. O amigo do chapéu de palha é que lhe dera o negócio providencial de Cabo Verde. Faltava então dois meses para o casamento. Macário já sentia, por vezes, subirem-lhe ao rosto as febris vermelhidões da esperança. Já começava a tratar dos banhos. Mas um dia o amigo do chapéu de palha desapareceu com a mulher de um alferes. O seu estabelecimento estava em começo. Era uma confusa aventura. Não se pôde nunca precisar nitidamente aquele imbróglio doloroso. O que era positivo é que Macário era fiador, Macário devia reembolsar. Quando o soube, empalideceu e disse simplesmente:

— Liquido e pago!

E quando liquidou, ficou outra vez pobre. Mas nesse mesmo dia, como o desastre tivera uma grande publicidade, e a sua honra estava santificada na opinião, a casa Peres & C.ª, que o mandara a Cabo Verde, veio propor-lhe uma outra viagem e outros ganhos.

— Voltar a Cabo Verde outra vez!

— Faz outra vez fortuna, homem. O senhor é o Diabo! — disse o sr. Eleutério Peres.

Quando se viu assim, só e pobre, Macário desatou a chorar. Tudo estava perdido, findo, extinto; era necessário recomeçar pacientemente a vida, voltar às longas misérias de Cabo Verde, tornar a tremer os passados desesperos, suar os antigos suores! E Luísa? Macário escreveu-lhe. Depois rasgou a carta. Foi a casa dela: as janelas tinham luz: subiu até ao primeiro andar, mas aí tomou-o uma mágoa, uma covardia de revelar o desastre, o pavor trémulo de uma separação, o terror de ela se recusar, negar-se, hesitar! E quereria ela esperar mais?! Não se atreveu a falar, explicar, pedir; desceu, pé ante pé. Era noite. Andou ao acaso pelas ruas: havia um sereno e silencioso luar. Ia sem saber: de repente ouviu, de uma janela alumiada, uma rabeca que tocava a xácara mourisca. Lembrou-se do tempo em que conhecera Luísa, do bom sol claro que havia então, e do vestido dela, de cassa com pintas azuis! Estava na rua onde eram os armazéns do tio. Foi caminhando. Pôs-se a olhar para a sua antiga casa. A janela do escritório estava fechada. Quantas vezes dali vira Luísa, e o brando movimento do seu leque chinês! Mas uma janela, no segundo andar, tinha luz: era o quarto do tio. Macário vai observar mais de longe: uma figura estava encostada, por dentro, à vidraça: era o tio Francisco. Veio-lhe uma saudade de todo o seu passado simples, retirado, plácido. Lembrava-lhe o seu quarto, e a velha carteira com fecho de prata, e a miniatura de sua mãe, que estava por cima da barra do leito; a sala de jantar e o seu velho aparador de pau-preto, e a grande caneca da água, cuja asa era uma serpente irritada. Decidiu-se e, impelido por um instinto, bateu à porta. Bateu outra vez. Sentiu abrir a vidraça, e a voz do tio perguntar:

— Quem é?

— Sou eu, tio Francisco, sou eu. Venho dizer-lhe adeus.

A vidraça fechou-se, e daí a pouco a porta abriu-se com um grande ruído de ferrolhos. O tio Francisco tinha um candeeiro de azeite na mão. Macário achou-o magro, mais velho. Beijou-lhe a mão.

— Suba — disse o tio.

Macário ia calado, cosido com o corrimão.

Quando chegou ao quarto, o tio Francisco pousou o candeeiro sobre uma larga mesa de pau-santo, e de pé, com as mãos nos bolsos, esperou.

Macário estava calado, anediando a barba.

— Que quer? — gritou-lhe o tio.

— Vinha dizer-lhe adeus; volto para Cabo Verde.

— Boa viagem.

E o tio Francisco, voltando-lhe as costas, foi rufar na vidraça.

Macário ficou imóvel, deu dois passos no quarto, todo revoltado, e ia sair.

— Onde vai, seu estúpido? — gritou-lhe o tio.

— Vou-me.

— Sente-se ali! — E o tio Francisco falava, com grandes passadas pelo quarto:

— O seu amigo é um canalha! Loja de ferragens! Não está má! O senhor é um homem de bem. Estúpido, mas homem de bem. Sente-se ali! Sente-se! O seu amigo é um canalha! O senhor é um homem de bem! Foi a Cabo Verde! Bem sei! Pagou tudo. Está claro! Também sei! Amanhã faz o favor de ir para a sua carteira, lá para baixo. Mandei pôr palhinha nova na cadeira. Faz favor de pôr na factura Macário & Sobrinho. E case. Case, e que lhe preste! Levante dinheiro. O senhor precisa de roupa branca e de mobília. E meta na minha conta. A sua cama lá está feita.

Macário queria abraçá-lo, estonteado, com as lágrimas nos olhos, radioso.

— Bem, bem. Adeus!

Macário ia sair.

— Oh! burro, pois quer-se ir desta sua casa?

E indo a um pequeno armário trouxe geleia, um covilhete de doce, uma garrafa antiga de Porto e biscoitos.

— Coma.

E sentando-se ao pé dele, e tornando a chamar-lhe estúpido, tinha uma lágrima a correr-lhe pelo engelhado da pele.

De sorte que o casamento foi decidido para dali a um mês. E Luísa começou a tratar do seu enxoval.

Macário estava então na plenitude do amor e da alegria.

Via o fim da sua vida preenchido, completo, radioso. Estava quase sempre em casa da noiva, e um dia andava-a acompanhando, em compras, pelas lojas. Ele mesmo lhe quisera fazer um pequeno presente, nesse dia. A mãe tinha ficado numa modista, num primeiro andar da Rua do Ouro, e eles tinham descido, alegremente, rindo, a um ourives que havia em baixo, no mesmo prédio, na loja.

O dia estava de Inverno, claro, fino, frio, com um grande céu azul-ferrete, profundo, luminoso, consolador.

— Que bonito dia! — disse Macário.

E com a noiva pelo braço, caminhou um pouco, ao comprido do passeio.

— Está! — disse ela. — Mas podem reparar; nós sós...

— Deixa, está tão bom...

— Não, não.

E Luísa arrastou-o brandamente para a loja do ourives. Estava apenas um caixeiro, trigueiro, de cabelo hirsuto.

Macário disse-lhe:

— Queria ver anéis.

— Com pedras — disse Luísa — e o mais bonito.

— Sim, com pedras — disse Macário. — Ametista, granada. Enfim, o melhor.

E, no entanto, Luísa ia examinando as montras forradas de veludo azul, onde reluziam as grossas pulseiras cravejadas, os grilhões, os colares de camafeus, os anéis de armas, as finas alianças frágeis como o amor, e toda a cintilação da pesada ourivesaria.

— Vê, Luísa — disse Macário.

O caixeiro tinha estendido, na outra extremidade do balcão, em cima do vidro da montra, um reluzente espalhado de anéis de ouro, de pedras, lavrados, esmaltados; e Luísa, tomando-os e deixando-os com as pontas dos dedos, ia-os correndo e dizendo:

— É feio. É pesado. É largo.

— Vê este — disse-lhe Macário.

Era um anel de pequenas pérolas.
— É bonito — disse ela. — É lindo!
— Deixa ver se serve — disse Macário.

E tomando-lhe a mão, meteu-lhe o anel devagarinho, docemente, no dedo; e ela ria, com os seus brancos dentinhos finos, todos esmaltados.

— É muito largo — disse Macário. — Que pena!
— Aperta-se, querendo. Deixe a medida. Tem-no pronto amanhã.

— Boa ideia — disse Macário — sim senhor. Porque é muito bonito. Não é verdade? As pérolas muito iguais, muito claras. Muito bonito! E estes brincos? — acrescentou, indo ao fim do balcão, a outra montra. — Estes brincos com uma concha?

— Dez moedas — disse o caixeiro.

E, no entanto, Luísa continuava examinando os anéis, experimentando-os em todos os dedos, revolvendo aquela delicada montra, cintilante e preciosa.

Mas, de repente, o caixeiro fez-se muito pálido, e afirmou-se em Luísa, passando vagarosamente a mão pela cara.

— Bem — disse Macário, aproximando-se — então amanhã temos o anel pronto. A que horas?

O caixeiro não respondeu e começou a olhar fixamente para Macário.

— A que horas?
— Ao meio-dia.
— Bem, adeus — disse Macário. E iam sair. Luísa trazia um vestido de lã azul, que arrastava um pouco, dando uma ondulação melodiosa ao seu passo, e as suas mãos pequeninas estavam escondidas num regalo branco.

— Perdão! — disse de repente o caixeiro.

Macário voltou-se.

— O senhor não pagou.

Macário olhou para ele gravemente.

— Está claro que não. Amanhã venho buscar o anel, pago amanhã.

— Perdão! — disse o caixeiro. — Mas o outro...

— Qual outro? — disse Macário com uma voz surpreendida, adiantando-se para o balcão.
— Essa senhora sabe — disse o caixeiro. — Essa senhora sabe.
Macário tirou a carteira lentamente.
— Perdão, se há uma conta antiga...
O caixeiro abriu o balcão, e com um aspecto resoluto:
— Nada, meu caro senhor, é de agora. É um anel com dois brilhantes que aquela senhora leva.
— Eu! — disse Luísa, com a voz baixa, toda escarlate.
— Que é? Que está a dizer?
E Macário, pálido, com os dentes cerrados, contraído, fitava o caixeiro colericamente.
O caixeiro disse então:
— Essa senhora tirou dali um anel. — Macário ficou imóvel, encarando-o. — Um anel com dois brilhantes. Vi perfeitamente. — O caixeiro estava tão excitado, que a sua voz gaguejava, prendia-se espessamente. — Essa senhora não sei quem é. E tirou-o dali...
Macário, maquinalmente, agarrou-lhe no braço, e voltando-se para Luísa, com a palavra abafada, gotas de suor na testa, lívido:
— Luísa, dize... — Mas a voz cortou-se-lhe.
— Eu... — disse ela. Mas estava trémula, assombrada, enfiada, descomposta.
E tinha deixado cair o regalo ao chão.
Macário veio para ela, agarrou-lhe no pulso fitando-a: e o seu aspecto era tão resoluto e tão imperioso, que ela meteu a mão no bolso, bruscamente, apavorada, e mostrando o anel:
— Não me faça mal — disse, encolhendo-se toda.
Macário ficou com os braços caídos, o ar abstracto, os beiços brancos; mas de repente, dando um puxão ao casaco, recuperando-se, disse ao caixeiro:
— Tem razão. Era distracção. Está claro! Esta senhora tinha-se esquecido. É o anel. Sim, sim, senhor, evidentemente... Tem a bondade. Toma, filha, toma. Deixa estar, este senhor embrulha-o. Quanto custa?

Abriu a carteira e pagou.

Depois apanhou o regalo, sacudiu-o brandamente, limpou os beiços com o lenço, deu o braço a Luísa e dizendo ao caixeiro: «Desculpe, desculpe», levou-a, inerte, passiva, extinta e aterrada.

Deram alguns passos na rua. Um largo sol aclarava o génio feliz: as seges passavam, rolando ao estalido do chicote: figuras risonhas passavam, conversando: os pregões ganiam os seus gritos alegres: um cavalheiro de calção de anta fazia ladear o seu cavalo, enfeitado de rosetas; e a rua estava cheia, ruidosa, viva, feliz e coberta de sol.

Macário ia maquinalmente, como no fundo de um sonho. Parou a uma esquina. Tinha o braço de Luísa passado no seu; e via-lhe a mão pendente, ora de cera, com as veias docemente azuladas, os dedos finos e amorosos: era a mão direita, e aquela mão era a da sua noiva! E, instintivamente, leu o cartaz que anunciava para essa noite, «Palafoz em Saragoça».

De repente, soltando o braço de Luísa disse-lhe baixo:
— Vai-te.
— Ouve!... — disse ela, com a cabeça toda inclinada.
— Vai-te. — E com a voz abafada e terrível: — Vai-te. Olha que chamo. Mando-te para o Aljube. Vai-te.
— Mas ouve, Jesus — disse ela.
— Vai-te! — E fez um gesto, com o punho cerrado.
— Pelo amor de Deus, não me batas aqui — disse ela, sufocada.
— Vai-te, podem reparar. Não chores. Olha que vêem. Vai-te!

E chegando-se para ela, disse baixo:
— És uma ladra!

E voltando-lhe as costas, afastou-se, devagar, riscando o chão com a bengala.

A distância, voltou-se: ainda viu, através dos vultos, o seu vestido azul.

Como partiu nessa tarde para a província, não soube mais daquela rapariga loura.

UM POETA LÍRICO

Aqui está, simplesmente, sem frases e sem ornatos, a história triste do poeta Korriscosso. De todos os poetas líricos de que tenho notícia, é este, certamente, o mais infeliz. Conheci-o em Londres, no hotel de Charing Cross, uma madrugada regelada de Dezembro. Tinha eu chegado do continente, prostrado por duas horas de canal da Mancha... Ah! que mar! E era só uma brisa fresca de noroeste: mas ali, no tombadilho, sob uma capa de oleado de que um marujo me tinha coberto, como se cobre um corpo morto, fustigado da neve e da vaga, oprimido por aquela treva tumultuosa que o paquete ia rompendo aos roncos e aos encontrões — parecia-me um tufão dos mares da China...

Apenas entrei no hotel, gelado e estremunhado, corri ao vasto fogão do peristilo, e ali fiquei, saturando-me daquela paz quente em que a sala estava adormecida, com os olhos beatamente postos na boa brasa escarlate... E foi então que vi aquela figura esguia e longa, já de casaca e gravata branca, que do outro lado da chaminé, de pé, com a taciturna tristeza duma cegonha que cisma, olhava também os carvões ardentes, com um guardanapo no braço. Mas o porteiro tinha rolado a minha bagagem, e eu fui inscrever-me ao *bureau*. A guarda-livros, tesa e loura, com um perfil antiquado de medalha safada, pousou o seu *crochet* ao lado da sua chávena de chá, acariciou com um gesto doce os dois bandós louros, assentou correctamente o meu nome, de dedinho no ar, fazendo rebrilhar um diamante, e eu ia subir a vasta escadaria

— quando a figura magra e fatal se dobrou num ângulo, e murmurou-me num inglês silabado:
— Já está servido o almoço das sete...
Mas eu não queria o almoço das sete. Fui dormir. Mais tarde, já repousado, fresco do banho, quando desci ao restaurante para o *lunch*, avistei logo, plantado melancolicamente ao pé da larga janela, o indivíduo esguio e triste. A sala estava deserta numa luz parda; os fogões flamejavam; e fora, no silêncio do domingo, nas ruas mudas, a neve caía sem cessar dum céu amarelento e baço. Eu via apenas as costas do homem; mas havia na sua linha magra e um pouco dobrada uma expressão tão evidente de desalento, que me interessei por aquela figura. O cabelo comprido, de tenor, caído sobre a gola da casaca, era manifestamente dum meridional; e toda a sua magreza friorenta se encolhia ao aspecto daqueles telhados cobertos de neve, na sensação daquele silêncio lívido... Chamei-o. Quando ele se voltou, a sua fisionomia, que apenas entrevira na véspera, impressionou-me: era um carão longo e triste, muito moreno, de nariz judaico e uma barba curta e frisada, uma barba de Cristo em estampa romântica; a testa era destas que, em boa literatura, se chama, creio eu, *fronte:* era larga e era lustrosa. Tinha o olhar encovado e vago, com uma indecisão de sonho nadando num fluido enternecido... E que magreza! Quando andava, a calça curta torcia-se em torno da canela como pregas de bandeira em torno dum mastro: a casaca tinha dobras de túnica ampla; as duas abas compridas e agudas eram desgraçadamente grotescas. Recebeu a ordem do meu almoço, sem me olhar, num tédio resignado: arrastou-se para o *comptoir* onde o *maître d'hôtel* lia a Bíblia, passou a mão pela testa com um gesto errante e dolente, e disse-lhe num voz surda:
— Número 307. Duas costeletas. Chá...
O *maître d'hôtel* afastou a Bíblia, inscreveu o *menu* — e eu acomodei-me à mesa, e abri o volume de Tennyson que trouxera para almoçar comigo — porque, creio que lhes disse, era domingo, dia sem jornais e sem pão

fresco. Fora continuava a nevar sobre a cidade muda. A uma mesa distante, um velho cor de tijolo e todo branco de cabelo e de suíças, que acabara de almoçar, dormitava de mãos no ventre, boca aberta, e luneta na ponta do nariz. E o único som vinha da rua, uma voz gemente que a neve abafava mais, uma voz pedinte que à esquina defronte garganteava um salmo ... Um domingo de Londres.

Foi o magro que me trouxe o almoço — e apenas ele se aproximou, com o serviço do chá, eu senti logo que aquele volume de Tennyson nas minhas mãos o tinha interessado e impressionado; foi um olhar rápido, gulosamente fixado na página aberta, um estremecimento quase imperceptível — emoção fugitiva, decerto, porque depois de ter pousado o serviço, rodou sobre os calcanhares, e foi plantar-se melancolicamente à janela, de olho triste e posto na neve triste. Eu atribuí aquele movimento curioso ao esplendor da encadernação do volume, que eram «Os Idílios de El-Rei», em marroquim negro, com o escudo de armas de Lançarote do Lago — o pelicano de ouro sobre um mar de sinopla.

Nessa noite parti no expresso para a Escócia, e ainda não tinha passado York, adormecida na sua gravidade episcopal, já me esquecera o criado romanesco do restaurante de Charing Cross. Foi só daí a um mês, ao voltar a Londres, que entrando no restaurante, e revendo aquela figura lenta e fatal atravessar com um prato de rosbife numa das mãos, na outra um pudim de batata, senti renascer o antigo interesse. E nessa noite mesmo tive a singular felicidade de saber o seu nome, e de entrever um fragmento do seu passado. Era já tarde e eu voltava do Covent Garden, quando no peristilo do hotel encontrei, majestoso e próspero, o meu amigo Bracolletti.

Não conhecem Bracolletti? A sua presença é formidável; tem a amplidão pançuda, o negro cerrado da barba, a lentidão, o cerimonial de um paxá gordo; mas esta ponderosa gravidade turca é temperada, em Bracolletti, pelo sorriso e pelo olhar. Que olhar! Um olhar doce, que me faz lembrar o dos animais da Síria: é o mesmo enternecimento. Parece errar no seu fluido macio a religiosidade meiga das raças que dão os Messias... Mas o sorriso! O sorriso de Bracolletti é a mais complexa, a mais perfeita, a mais rica das expressões humanas; há finura, inocência, bonomia, abandono, ironia doce, persuasão, naqueles dois lábios que se descerram e que deixam brilhar um esmalte de dentes de virgem!... Ah! mas também este sorriso é a fortuna de Bracolletti.

Moralmente, Bracolletti é um hábil. Nasceu em Esmirna de pais gregos; é tudo o que ele revela: de resto, quando se lhe pergunta pelo seu passado, o bom grego rola um momento a cabeça de ombro a ombro, esconde sob as pálpebras cerradas com bonomia o seu olho maometano, desabrocha o sorriso duma doçura a tentar abelhas, e murmura, como afogado em bondade e em enternecimento:

— *Eh! mon Dieu! Eh! mon Dieu!...*

Nada mais. Parece, porém, que viajou — porque conhece o Peru, a Crimeia, o cabo da Boa Esperança, os países exóticos, tão bem como Regent Street: mas é evidente para todos que a sua existência não foi tecida, como a dos vulgares aventureiros do Levante, de ouro e estopa, de esplendores e pelintrices: é um gordo e, portanto, um prudente: o seu magnífico solitário nunca deixou de lhe brilhar no dedo: nenhum frio jamais o surpreendeu sem uma peliça de dois mil francos: e nunca deixa de ganhar, todas as semanas, no Fraternal Club, de que é um membro querido, dez libras ao *whist*. É um forte.

Mas tem uma debilidade. É singularmente guloso de rapariguinhas de doze a catorze anos: gosta delas magrinhas, muito louras, e com o hábito de praguejar. Colecciona-as pelos bairros pobres de Londres, com método. Instala-as em casa, e ali as tem, como passarinhos na gaiola, metendo-lhes a papinha no bico, ouvindo-as palrar todo baboso, animando-as a que lhe roubem os xelins da algibeira, gozando o desenvolvimento dos vícios naquelas flores de lama de Londres, pondo-lhes ao alcance as garrafas de *gin* para que os anjinhos se embebedem — e quando alguma, excitada de álcool, de cabelo ao vento e face acesa, o injuria, o arrepela, baba obscenidades, o bom Bracolletti, encruzado no sofá, de mãos beatamente cruzadas na pança, o olhar afogado em êxtase, murmura no seu italiano da costa síria:

— *Piccolina! Gentilleta!*

Querido Bracolletti! Foi realmente com prazer que o abracei, nessa noite, em Charing Cross: e como nos não víamos há muito, fomos cear juntos ao restaurante. O criado triste lá estava no seu *comptoir*, curvado sobre o «Journal des Débats». E apenas Bracolletti apareceu, na sua majestade de obeso, o homem estendeu-lhe silenciosamente a mão; foi um *shake-hands* solene, enternecido e sincero.

Bom Deus, eram amigos! Arrebatei Bracolletti para o fundo da sala, e, vibrando de curiosidade, interroguei-o com sofreguidão. Quis primeiro o nome do homem.

— Chama-se Korriscosso — disse-me Bracolletti, grave.

Quis depois a sua história. Mas Bracolletti, como os deuses da Ática que, nos seus embaraços no mundo, se recolhiam à sua nuvem, Bracolletti refugiou-se na sua vaga reticência.

— *Eh! mon Dieu!... Eh! mon Dieu!...*

— Não, não, Bracolletti. Vejamos. Quero-lhe a história... Aquela face fatal e byroniana deve ter uma história...

Bracolletti então tomou todo o ar cândido que lhe permitem a sua pança e as suas barbas — e confessou-me, deixando cair as frases às gotas, que tinham viajado ambos na Bulgária e no Montenegro... Korriscosso foi seu secretário... Boa letra... Tempos difíceis... *Eh! mon Dieu!...*

— Donde é ele?

Bracolletti respondeu sem hesitar, baixando a voz, com um gesto repassado de desconsideração:

— É um grego de Atenas.

O meu interesse sumiu-se como a água que a areia absorve. Quando se tem viajado no Oriente e nas escalas do Levante, adquire-se facilmente o hábito, talvez injusto, de suspeitar do grego: aos primeiros que se vêem, sobretudo tendo uma educação universitária e clássica, o entusiasmo acende-se um pouco, pensa-se em Alcibíades e em Platão, nas glórias duma raça estética e livre, e perfilam-se na imaginação as linhas augustas do Pártenon. Mas, depois de os ter frequentado, às mesas-redondas e nos tombadilhos das Messageries, e principalmente depois de ter escutado a lenda de velhacaria que eles têm deixado desde Esmirna até Tunes, os outros que se vêem provocam, apenas, estes movimentos: abotoar rapidamente o casaco, cruzar fortemente os braços sobre a cadeia do relógio, e aguçar o intelecto para rechaçar a *escroquerie*. A causa desta reputação funesta é que a gente grega que emigra para as escalas do Levante é uma plebe torpe, parte pirata e parte lacaia, bando de rapina astuto e perverso. A verdade é que apenas soube Korriscosso um grego, lembrei-me logo que o meu belo volume de Tennyson, na minha última estada em Charing Cross, me desaparecera do quarto, e recordei o olhar de gula e de presa que cravara nele Korriscosso... Era um bandido...

E durante a ceia não falámos mais de Korriscosso. Serviu-nos outro criado, rubro, honesto e são. O lúgubre Korriscosso não se afastou do *comptoir*, abismado no «Journal des Débats».

Nessa noite aconteceu, ao recolher-me ao meu quarto, que me perdi... O hotel estava atulhado, e eu tinha sido alojado naqueles altos de Charing Cross, numa complicação de corredores, escadas, recantos, ângulos, onde é quase necessário roteiro e bússola.

De castiçal na mão, penetrei num passadiço onde corria um bafo morno de viela mal arejada. As portas aí não tinham números, mas pequenos cartões colados onde estavam inscritos nomes: *John, Smith, Charlie, Willie*... Enfim, eram evidentemente as habitações dos criados. De uma porta aberta saía a claridade de um bico de gás; adiantei-me, e vi logo Korriscosso, ainda de casaca, sentado a uma mesa alastrada de papéis, de testa pendida sobre a mão, escrevendo.

— Pode-me indicar o caminho para o número 508? — balbuciei.

Ele ergueu para mim um olhar estremunhado e enevoado; parecia ressurgir de muito longe, de um outro universo; batia as pálpebras, repetindo:

— 508? 508?...

Foi então que eu avistei, sobre a mesa, entre papéis, colarinhos sujos e um rosário — o meu volume de Tennyson! Ele viu o meu olhar, o bandido, e acusou-se todo numa vermelhidão que lhe inundou a face chupada. O meu primeiro movimento foi não reconhecer o livro: como era um movimento bom, e obedecendo logo à moral superior do mestre Talleyrand, reprimi-o; e apontando o volume com um dedo severo, um dedo de Providência irritada, disse-lhe:

— É o meu Tennyson...

Não sei que resposta ele tartamudeou, porque eu, apiedado, retomado também pelo interesse que me dava aquela figura picaresca de grego sentimental, acrescentei num tom repassado de perdão e de justificação:

— Grande poeta, não é verdade? Que lhe pareceu? Tenho a certeza que se entusiasmou...

Korriscosso corou mais: mas não era o despeito humilhado do salteador surpreendido: era, julguei eu, a vergonha de ver a sua inteligência, o seu gosto poético adivinhados — e de ter no corpo a casaca coçada de criado de restaurante. Não respondeu. Mas as páginas do volume que eu abri responderam por ele; a brancura das margens largas desaparecia sob uma rede de comentários a lápis: *Sublime! Grandioso! Divino!* — palavras lançadas numa letra convulsiva, num tremor de mão, agitada por uma sensibilidade vibrante...

No entanto Korriscosso permanecia de pé, respeitoso, culpado, de cabeça baixa, com o laço da gravata branca fugindo para o cachaço. Pobre Korriscosso! Compadeci-me daquela atitude, revelando todo um passado sem

sorte, tantas tristezas de dependência... Lembrei-me que nada impressiona o homem do Levante como um gesto de drama e de palco; estendi-lhe ambas as mãos num movimento à Talma, e disse-lhe:
— Eu também sou poeta!...

Esta frase extraordinária pareceria grotesca e impudente a um homem do Norte; o levantino viu logo nela a expansão de uma alma irmã. Porque, não lhes disse?, o que Korriscosso estava escrevendo, numa tira de papel, eram estrofes; era uma ode.

Daí a pouco, com a porta fechada, Korriscosso contava-me a sua história — ou antes fragmentos, anedotas desirmanadas da sua biografia. É tão triste, que a condenso. De resto, havia na sua narração lacunas de anos — e eu não posso reconstituir com lógica e sequência a história deste sentimental. Tudo é vago e suspeito. Nasceu com efeito em Atenas; seu pai parece que era carregador no Pireu. Aos dezoito anos, Korriscosso servia de criado a um médico, e nos intervalos do serviço frequentava a Universidade de Atenas; estas coisas são frequentes *là-bas*, como ele dizia. Formou-se em leis: isto habilitou-o, mais tarde, em tempos difíceis, a ser um intérprete de hotel. Desse tempo datam as suas primeiras elegias num semanário lírico, intitulado «Ecos da Ática». Isto levou-o directamente à política e às ambições parlamentares. Uma paixão, uma crise patética, um marido brutal, ameaças de morte, forçam-no a expatriar-se. Viajou na Bulgária, foi em Salonica empregado numa sucursal do Banco Otomano, remeteu endechas dolorosas a um jornal da província — «A Trombeta da Argólida». Aqui há uma dessas lacunas, um buraco negro na sua história. Reaparece em Atenas, com fato novo, liberal e deputado.

Este período de glória foi breve, mas suficiente para o pôr em evidência; a sua palavra colorida, poética, recamada de imagens engenhosas e lustrosas, encantou Atenas: tinha o segredo de florir, como ele dizia, os terrenos mais áridos; de uma discussão de imposto ou de viação fazia saltar éclogas de Teócrito. Em Atenas este talento leva ao poder: Korriscosso era indicado para gerir uma alta administração do Estado: o Ministério, porém, e com ele a maioria de que Korriscosso era o tenor querido, caíram, sumiram-se, sem lógica constitucional, num destes súbitos desabamentos políticos tão comuns na Grécia, em que os governos se aluem, como as casas em Atenas — sem motivo. Falta de base, decrepitude de materiais e de individualidades... Tudo tende para o pó num solo de ruínas...

Nova lacuna, mergulho obscuro na história de Korriscosso...

Volta à superfície, membro de um clube republicano de Atenas, pede num jornal a emancipação da Polónia, e a Grécia governada por um concílio de génios. Publica então os seus «Suspiros de Trácia». Tem outro romance de coração... E enfim — e isto disse-mo sem explicações — é obrigado a refugiar-se em Inglaterra. Depois de tentar em Londres várias posições, coloca-se no restaurante de Charing Cross.

— É um porto de abrigo — disse-lhe eu, apertando-lhe a mão.

Ele sorriu com amargura. Era decerto um porto de abrigo, e vantajoso. É bem alimentado; as gorjetas são razoáveis; tem um velho colchão de molas — mas as delicadezas da sua alma são, a todo o momento, dolorosamente feridas...

Dias atribulados, dias crucificados, os daquele poeta lírico, forçado a distribuir numa sala, a burgueses estabelecidos e glutões, costeletas e copos de cerveja! Não é a dependência que o aflige; a sua alma de grego não é particularmente ávida de liberdade, basta-lhe que o patrão seja cortês. E, como ele me disse, é-lhe grato reconhecer que os fregueses de Charing Cross nunca lhe pedem a mostarda ou o queijo sem dizer *if you please;* e quando saem, ao passar por ele, levam dois dedos à aba do chapéu: isto satisfaz a dignidade de Korriscosso.

Mas o que o tortura é o' contacto constante com o alimento. Se ele fosse um guarda-livros dum banqueiro, primeiro-caixeiro dum armazém de sedas... Nisso há uma sombra de poesia — os milhões que se revolvem, as frotas mercantes, a brutal força do ouro, ou então dispor ricamente os estofos, os cortes de seda, fazer correr a luz nas ondulações dos *moirés*, dar ao veludo as molezas da linha e da prega ... Mas num restaurante como se pode exercer o gosto, a originalidade artística, o instinto da cor, do efeito, do drama — a partir nacos de rosbife ou de presunto de York?!... Depois, como ele disse, dar a comer, fornecer alimento, é servir exclusivamente a pança, a tripa, a baixa necessidade material: no restaurante, o ventre é Deus: a alma fica fora, com o chapéu pendurado no cabide ou com o rolo de jornais que se deixou no bolso do paletó.

E as convivências, e a falta de conversação! Nunca se voltarem para ele senão para lhe pedirem salame ou sardinhas de Nantes! Nunca abrir os seus lábios, donde pendia o Parlamento de Atenas, senão para perguntar: «Mais pão? Mais bife?» Esta privação de eloquência é-lhe dolorosa.

Além disso o serviço impede-lhe o trabalho. Korriscosso compõe de memória: quatro passeios pelo quarto, um repelão ao cabelo, e a ode sai-lhe harmónica e doce... Mas a interrupção glutona da voz do freguês, pedindo nutrição, é fatal a esta maneira de trabalhar. Às vezes, encostado a uma janela, de guardanapo no braço, Korriscosso está fazendo uma elegia; são tudo luares, roupagens alvas de virgens pálidas, horizontes celestes, flores de alma dolorida... É feliz; está remontado aos céus poéticos, nas planícies azuladas onde os sonhos acampam, galopando de estrela em estrela... De repente, uma grossa voz faminta berra de um canto:

— Bife e batatas!

Ai, as aladas fantasias batem o voo como pombas espavoridas! E aí vem o infeliz Korriscosso, precipitado dos cimos ideais, de ombros vergados e as abas da casaca balouçando, perguntar com o sorriso lívido:

— Passado ou meio cru?

Ah! É um amargo destino!

— Mas — perguntei-lhe eu — porque não deixa este covil, este templo do ventre?

Ele deixou pender a sua bela cabeça de poeta. E disse-me a razão que o prende: disse-ma, quase chorando nos meus braços, com o nó da gravata branca no cachaço: Korriscosso ama.

Ama uma Fanny, criada de todo o serviço em Charing Cross. Ama-a desde o primeiro dia em que entrou no hotel: amou-a no momento em que a viu lavando as escadas de pedra, com os braços roliços nus, e os cabelos louros, os fatais cabelos louros, deste louro que entontece os meridionais, cabelos ricos, de um tom de cobre, de um tom de ouro-mate, torcendo-se numa trança de deusa. E depois a carnação, uma carnação de inglesa de Yorkshire — leite e rosas...

E o que Korriscosso tem sofrido! Toda a sua dor exala-a em odes — que passa a limpo ao domingo, dia de repouso e dia do Senhor! Leu-mas. E eu vi quanto a paixão pode perturbar um ser nervoso: que ferocidade de linguagem, que lances de desespero, que gritos de alma dilacerada arremessados dali, daqueles altos de Charing Cross, para a mudez do céu frio! É que Korriscosso tem ciúmes. A desgraçada Fanny ignora aquele poeta a seu lado, aquele delicado, aquele sentimental, e ama um *policeman*. Ama um *policeman*, um colosso, um alcides, uma montanha de carne eriçada duma floresta de barbas, com o peito como o flanco de um couraçado, com pernas como fortalezas normandas. Este polifemo, como diz Korriscosso, tem, ordinariamente, serviço no Strand; e a pobre Fanny passa o seu dia a espreitá-lo de um postigo, dos altos do hotel.

Todas as suas economias as gasta em quartilhos de *gin*, de *brandy*, de genebra, que à noite lhe leva em copinhos debaixo do avental; mantém-no fiel pelo álcool; o monstro, plantado enormemente a uma esquina, recebe em silêncio o copo, atira-o de um golpe às fauces tenebrosas, arrota cavamente, passa a mão cabeluda pela barba de hércules, e segue taciturnamente, sem um «Obrigado», sem um «Amo-te», batendo o lajedo com a vastidão das suas solas sonoras. A pobre Fanny admira-o babosa... E talvez nesse momento, à outra esquina, o magro Korriscosso, fazendo no nevoeiro um esguio relevo de poste telegráfico, soluce com a face magra entre as mãos transparentes.

Pobre Korriscosso! Se ele ao menos a pudesse comover... Mas quê! Ela despreza-lhe o corpo de tísico triste; e a alma, não lha compreende... Não que Fanny seja inacessível a sentimentos ardentes, expressos em linguagem melodiosa... Mas Korriscosso só pode escrever as suas elegias na sua língua materna... E Fanny não compreende grego... E Korriscosso é só um grande homem — em grego...

Quando desci ao meu quarto, deixei-o soluçando sobre o catre. Tenho-o visto depois, outras vezes, ao passar em Londres. Está mais magro, mais fatal, mais mirrado de zelos, mais curvado quando se move pelo restaurante com a travessa do rosbife, mais exaltado no seu lirismo... Sempre que ele me serve dou-lhe um xelim de gorjeta: e depois, ao sair, aperto-lhe sinceramente a mão.

NO MOINHO

D. Maria da Piedade era considerada em toda a vila como «uma senhora-modelo». O velho Nunes, director do Correio, sempre que se falava nela, dizia, acariciando com autoridade os quatro pêlos da calva:

— É uma santa! É o que ela é!

A vila tinha quase orgulho na sua beleza delicada e tocante; era uma loura, de perfil fino, a pele ebúrnea, e os olhos escuros de um tom de violeta, a que as pestanas longas escureciam mais o brilho sombrio e doce. Morava ao fim da estrada, numa casa azul de três sacadas; e era, para a gente que às tardes ia fazer o giro até ao moinho, um encanto sempre novo vê-la por trás da vidraça, entre as cortinas de cassa, curvada sobre a sua costura, vestida de preto, recolhida e séria. Poucas vezes saía. O marido, mais velho que ela, era um inválido, sempre de cama, inutilizado por uma doença de espinha; havia anos que não descia à rua; avistavam-no às vezes também à janela, murcho e trôpego, agarrado à bengala, encolhido no *robe-de-chambre*, com uma face macilenta, a barba desleixada e com um barretinho de seda enterrado melancolicamente até ao cachaço. Os filhos, duas rapariguitas e um rapaz, eram também doentes, crescendo pouco e com dificuldade, cheios de tumores nas orelhas, chorões e tristonhos. A casa, interiormente, parecia lúgubre. Andava-se em pontas dos pés, porque o senhor, na excitação nervosa que lhe davam as insónias, irritava-se com o menor rumor; havia sobre as cómodas alguma garrafada da botica, alguma malga com papas de linhaça; as mesmas flores com que ela, no seu arranjo e no seu gosto de frescura, ornava as mesas, depressa murchavam naquele ar abafado de febre, nunca renovado por causa das correntes de ar; e era uma tristeza ver sempre algum dos pequenos ou de emplastro sobre a orelha, ou a um canto do canapé, embrulhado em cobertores com uma amarelidão de hospital.

Maria da Piedade vivia assim, desde os vinte anos. Mesmo em solteira, em casa dos pais, a sua existência fora triste. A mãe era uma criatura desagradável e azeda; o pai, que se empenhara pelas tavernas e pelas batotas, já velho, sempre bêbedo, os dias que aparecia em casa passava-os à lareira, num silêncio sombrio, cachimbando e escarrando para as cinzas. Todas as semanas desancava a mulher. E quando João Coutinho pediu Maria em casamento, apesar de doente já, ela aceitou, sem hesitação, quase com reconhecimento, para salvar o casebre da penhora, não ouvir mais os gritos da mãe, que a faziam tremer, rezar, em cima no seu quarto, onde a chuva entrava pelo telhado. Não amava o marido decerto; e mesmo na vila tinha-se lamentado que aquele lindo rosto de Virgem Maria, aquela figura de fada, fosse pertencer ao Joãozinho Coutinho, que desde rapaz fora sempre entrevado. O Coutinho, por morte do pai, ficara rico; e ela, acostumada por fim àquele marido rabugento, que passava o dia arrastando-se sombriamente da sala para a alcova, ter-se-ia resignado, na sua natureza de enfermeira e de consoladora, se os filhos ao menos tivessem nascido sãos e robustos. Mas aquela família que lhe vinha com o sangue viciado, aquelas existências hesitantes, que depois pareciam apodrecer-lhe nas mãos, apesar dos seus cuidados inquietos, acabrunhavam-na. Às vezes, só, picando a sua costura, corriam-lhe as lágrimas pela face: uma fadiga da vida invadia-a, como uma névoa que lhe escurecia a alma.

Mas se o marido de dentro chamava desesperado, ou um dos pequenos choramingava, lá limpava os olhos, lá aparecia com a sua bonita face tranquila, com alguma palavra consoladora, compondo a almofada a um, indo animar o outro, feliz em ser boa. Toda a sua ambição era ver o seu pequeno mundo bem tratado e bem acarinhado. Nunca tivera desde casada uma curiosidade, um desejo, um capricho: nada a interessava na Terra senão as horas dos remédios e o sono dos seus doentes. Todo o esforço lhe era fácil quando era para os contentar: apesar de fraca, passeava horas trazendo ao colo o pequerrucho, que era o mais impertinente, com as feridas que faziam dos seus pobres beicinhos uma crosta escura: durante as insónias do marido não dormia também, sentada ao pé da cama, conversando, lendo-lhe as *Vidas dos Santos,* porque o pobre entrevado ia caindo em devoção. De manhã estava um pouco mais pálida, mas toda correcta no seu vestido preto, fresca, com os bandós bem lustrosos, fazendo-se bonita para ir dar as sopas de leite aos pequerruchos. A sua única distracção era à tarde sentar-se à janela com a sua costura, e a pequenada em roda, aninhada no chão, brincando tristemente. A mesma paisagem que ela via da janela era tão monótona como a sua vida: em baixo a estrada, depois uma ondulação de campos, uma terra magra plantada aqui e além de oliveiras e, erguendo-se ao fundo, uma colina triste e nua, sem uma casa, uma árvore, um fumo de casal que pusesse naquela solidão de terreno pobre uma nota humana e viva.

Vendo-a assim tão resignada e tão sujeita, algumas senhoras da vila afirmavam que ela era beata: todavia ninguém a avistava na igreja, a não ser ao domingo, com o pequerrucho mais velho pela mão, todo pálido no seu vestido de veludo azul. Com efeito, a sua devoção limitava-se a esta missa todas as semanas. A sua casa ocupava-a muito para se deixar invadir pelas preocupações do Céu; naquele dever de boa mãe, cumprido com amor, encontrava uma satisfação suficiente à sua sensibilidade; não necessitava adorar santos ou enternecer-se com Jesus. Instintivamente mesmo pensava que toda a afeição excessiva dada ao Pai do Céu, todo o tempo gasto em se arrastar pelo confessionário ou aos pés do oratório, seria uma diminuição cruel no seu cuidado de enfermeira: a sua maneira de rezar era velar os filhos: e aquele pobre marido pregado numa cama, todo dependente dela, tendo-a só a ela, parecia-lhe ter mais direito ao seu fervor que o outro, pregado numa cruz, tendo para o amar toda uma humanidade pronta. Além disso nunca tivera estas sentimentalidades de alma triste que levam à devoção. O seu longo hábito de dirigir uma casa de doentes, de ser ela o centro, a força, o amparo daqueles inválidos tornara-a terna, mas prática: e assim era ela que administrava agora a casa do marido, com um bom senso que a afeição dirigia, uma solicitude de mãe próvida. Tais ocupações bastavam para entreter o seu dia: o marido, de resto, detestava visitas, o aspecto de caras saudáveis, as comiserações de cerimónia; e passavam-se meses sem que em casa de Maria da Piedade se ouvisse outra voz estranha à família, a não ser a do dr. Abílio — que a adorava, e que dizia dela com os olhos esgazeados:

— É uma fada! É uma fada!...

Foi por isso grande a excitação na casa, quando João Coutinho recebeu uma carta de seu primo Adrião, que lhe anunciava que em duas ou três semanas ia chegar à vila. Adrião era um homem célebre, e o marido de Maria da Piedade tinha naquele parente um orgulho enfático. Assinara mesmo um jornal de Lisboa, só para ver o seu nome nas locais e na crítica. Adrião era um romancista: e o último livro, «Madalena», um estudo de mulher trabalhado a grande estilo, duma análise delicada e subtil, consagrara-o como um mestre. A sua fama, que chegara até à vila, num vago de legenda, apresentava-o como uma personalidade interessante, um herói de Lisboa, amado das fidalgas, impetuoso e brilhante, destinado a uma alta situação no Estado. Mas realmente na vila era sobretudo notável por ser primo do João Coutinho.

D. Maria da Piedade ficou aterrada com esta visita. Via já a sua casa em confusão com a presença do hóspede extraordinário. Depois a necessidade de fazer mais *toilette*, de alterar a hora do jantar, de conversar com um literato, e tantos outros esforços cruéis!... E a brusca invasão daquele mundano, com as suas malas, o fumo do seu charuto, a sua alegria de são, na paz triste do seu hospital, dava-lhe a impressão apavorada de uma profanação. Foi por isso um alívio, quase um reconhecimento, quando Adrião chegou, e muito simplesmente se instalou na antiga estalagem do Tio André, à outra extremidade da vila. João Coutinho escandalizou-se: tinha já o quarto do hóspede preparado, com lençóis de rendas, uma colcha de damasco, pratas sobre a cómoda, e queria-o todo para si, o primo, o homem célebre, o grande autor... Adrião porém recusou:

— Eu tenho os meus hábitos, vocês têm os seus... Não nos contrariemos, hem?... O que faço é vir cá jantar. De resto, não estou mal no Tio André... Vejo da janela um moinho e uma represa que são um quadrozinho delicioso... E ficamos amigos, não é verdade?

Maria da Piedade olhava-o assombrada: aquele herói, aquele fascinador por quem choravam mulheres, aquele poeta que os jornais glorificavam, era um sujeito extremamente simples — muito menos complicado, menos espectaculoso que o filho do recebedor! Nem formoso era: e com o seu chapéu desabado sobre uma face cheia e barbuda, a quinzena de flanela caindo à larga num corpo robusto e pequeno, os seus sapatos enormes, parecia-lhe a ela um dos caçadores de aldeia que às vezes encontrava, quando de mês a mês ia visitar as fazendas do outro lado do rio. Além disso não fazia frases; e a primeira vez que veio jantar, falou apenas, com grande bonomia, dos seus negócios. Viera por eles. Da fortuna do pai, a única terra que não estava devorada, ou abominavelmente hipotecada, era a Curgossa, uma fazenda ao pé da vila, que andava além disso mal arrendada... O que ele desejava era vendê-la. Mas isso parecia-lhe a ele tão difícil como fazer a «Ilíada»!... E lamentava sinceramente ver o primo ali, inútil sobre uma cama, sem o poder ajudar nesses passos a dar com os proprietários da vila. Foi por isso, com grande alegria, que ouviu João Coutinho declarar-lhe que a mulher era uma administradora de primeira ordem, e hábil nestas questões como um antigo rábula!...

— Ela vai contigo ver a fazenda, fala com o Teles; e arranja-te isso tudo ... E na questão de preço, deixa-a a ela!...

— Mas que superioridade, prima! — exclamou Adrião maravilhado. — Um anjo que entende de cifras!

Pela primeira vez na sua existência Maria da Piedade corou com a palavra dum homem. De resto prontificou-se logo a ser a procuradora do primo ...

No outro dia foram ver a fazenda. Como ficava perto, e era um dia de Março fresco e claro, partiram a pé. Ao princípio, acanhada por aquela companhia de um leão, a pobre senhora caminhava junto dele com o ar de um pássaro assustado: apesar de ele ser tão simples, havia na sua figura enérgica e musculosa, no timbre rico da sua voz, nos seus olhos pequenos e luzidios alguma coisa de forte, de dominante, que a enleava. Tinha-se-lhe prendido à orla do seu vestido um galho de silvado, e como ele se abaixara para o desprender delicadamente, o contacto daquela mão branca e fina de artista na orla da sua saia incomodou-a singularmente. Apressava o passo para chegar bem depressa à fazenda, aviar o negócio com o Teles, e voltar imediatamente a refugiar-se, como no seu elemento próprio, no ar abafado e triste do seu hospital. Mas a estrada estendia-se, branca e longa, sob o sol tépido — e a conversação de Adrião foi-a lentamente acostumando à sua presença.

Ele parecia desolado daquela tristeza da casa. Deu-lhe alguns bons conselhos: o que os pequenos necessitavam era ar, sol, uma outra vida que aquele abafamento de alcova ...

Ela também assim o julgava: mas quê!, o pobre João, sempre que se lhe falava de ir passar algum tempo à quinta, afligia-se terrivelmente: tinha horror aos grandes ares e aos grandes horizontes: a Natureza forte fazia-o quase desmaiar; tornara-se um ser artificial, encafuado entre os cortinados da cama ...

Ele então lamentou-a. Decerto poderia haver alguma satisfação num dever tão santamente cumprido... Mas enfim, ela devia ter momentos em que desejasse alguma outra coisa além daquelas quatro paredes, impregnadas do bafo da doença...

— Que hei-de eu desejar mais? — disse ela.

Adrião calou-se: pareceu-lhe absurdo supor que ela desejasse, realmente, o Chiado ou o Teatro da Trindade... No que ele pensava era noutros apetites, nas ambições do coração insatisfeito... Mas isto pareceu-lhe tão delicado, tão grave de dizer àquela criatura virginal e séria — que falou da paisagem...

— Já viu o moinho? — perguntou-lhe ela.

— Tenho vontade de o ver, se mo quiser ir mostrar, prima.

— Hoje é tarde.

Combinaram logo ir visitar esse recanto de verdura, que era o idílio da vila.

Na fazenda, a longa conversa com o Teles criou uma aproximação maior entre Adrião e Maria da Piedade. Aquela venda, que ela discutia com uma astúcia de aldeã, punha entre eles como que um interesse comum. Ela falou-lhe já com menos reserva quando voltaram. Havia nas maneiras dele, dum respeito tocante, uma atracção que a seu pesar a levava a revelar-se, a dar-lhe a sua confiança: nunca falara tanto a ninguém: a ninguém jamais deixara ver tanto da melancolia oculta que errava constantemente na sua alma. De resto as suas queixas eram sobre a mesma dor — a tristeza do seu interior, as doenças, tantos cuidados graves... E vinha-lhe por ele uma simpatia, como um indefinido desejo de o ter sempre presente, desde que ele se tornava assim depositário das suas tristezas.

Adrião voltou para o seu quarto, na estalagem do André, impressionado, interessado por aquela criatura tão triste e tão doce. Ela destacava sobre o mundo de mulheres que até ali conhecera, como um perfil suave de anjo gótico entre fisionomias de mesa-redonda. Tudo nela concordava deliciosamente: o ouro do cabelo, a doçura da voz, a modéstia na melancolia, a linha casta, fazendo um ser delicado e tocante, a que mesmo o seu pequenino espírito burguês, certo fundo rústico de aldeã e uma leve vulgaridade de hábitos davam um encanto: era um anjo que vivia há muito tempo numa vilota grosseira e estava por muitos lados preso às trivialidades do sítio: mas bastaria um sopro para o fazer remontar ao céu natural, aos cimos puros da sentimentalidade...

Achava absurdo e infame fazer a corte à prima... Mas involuntariamente pensava no delicioso prazer de fazer bater aquele coração que não estava deformado pelo espartilho, e de pôr enfim os seus lábios numa face onde não houvesse pós de arroz... E o que o tentava sobretudo era pensar que poderia percorrer toda a província em Portugal, sem encontrar nem aquela linha de corpo, nem aquela virgindade tocante de alma adormecida... Era uma ocasião que não voltava.

O passeio ao moinho foi encantador. Era um recanto de natureza, digno de Corot, sobretudo à hora do meio--dia em que eles lá foram, com a frescura da verdura, a sombra recolhida das grandes árvores, e toda a sorte de murmúrios de água corrente, fugindo, reluzindo entre os musgos e as pedras, levando e espalhando no ar o frio da folhagem, da relva, por onde corriam cantando. O moinho era dum alto pitoresco, com a sua velha edificação de pedra secular, a sua roda enorme, quase podre, coberta de ervas, imóvel sobre a gelada limpidez da água escura. Adrião achou-o digno duma cena de romance, ou, melhor, da morada duma fada. Maria da Piedade não dizia nada, achando extraordinária aquela admiração pelo moinho abandonado do Tio Costa. Como ela vinha um pouco cansada, sentaram-se numa escada desconjuntada de pedra, que mergulhava na água da represa os últimos degraus: e ali ficaram um momento calados, no encanto daquela frescura murmurosa, ouvindo as aves piarem nas ramas. Adrião via-a de perfil, um pouco curvada, esburacando com a ponteira do guarda-sol as ervas bravas que invadiam os degraus: era deliciosa assim, tão branca, tão loura, duma linha tão pura sobre o fundo azul do ar: o seu chapéu era de mau gosto, o seu mantelete antiquado, mas ele achava nisso mesmo uma ingenuidade picante. O silêncio dos campos em redor isolava-os — e, insensivelmente, ele começou a falar-lhe baixo. Era ainda a mesma compaixão pela melancolia da sua existência naquela triste vila, pelo seu destino de enfermeira... Ela escutava-o de olhos baixos, pasmada de se achar ali tão só com aquele homem tão robusto, toda receosa e achando um sabor delicioso ao seu receio... Houve um momento em que ele falou do encanto de ficar ali para sempre na vila.

— Ficar aqui? Para quê? — perguntou ela, sorrindo.
— Para quê? Para isto, para estar sempre ao pé de si...

Ela cobriu-se de um rubor, o guarda-solinho escapou-lhe das mãos. Adrião receou tê-la ofendido, e acrescentou logo rindo:

— Pois não era delicioso?... Eu podia alugar este moinho, fazer-me moleiro... A prima havia de me dar a sua freguesia...

Isso fê-la rir; era mais linda quando ria: tudo brilhava nela, os dentes, a pele, a cor do cabelo. Ele continuou gracejando, com o seu plano de se fazer moleiro, e de ir pela estrada tocando o burro, carregado de sacas de farinha.

— E eu venho ajudá-lo, primo! — disse ela, animada pelo seu próprio riso, pela alegria daquele homem a seu lado.

— Vem? — exclamou ele. — Juro-lhe que me faço moleiro! Que Paraíso, nós aqui ambos no moinho, ganhando alegremente a nossa vida, e ouvindo cantar estes melros!

Ela corou outra vez do fervor da sua voz, e recuou como se ele fosse já arrebatá-la para o moinho. Mas Adrião agora, inflamado àquela ideia, pintava-lhe na sua palavra colorida toda uma vida romanesca, de uma felicidade idílica, naquele esconderijo de verdura: de manhã, a pé cedo, para o trabalho; depois o jantar na relva à beira de água; e à noite as boas palestras ali sentados, à claridade das estrelas ou sob a sombra cálida dos céus negros de Verão...

E de repente, sem que ela resistisse, prendeu-a nos braços, e beijou-a sobre os lábios dum só beijo, profundo e interminável. Ela tinha ficado contra o seu peito, branca como morta: e duas lágrimas corriam-lhe ao comprido da face. Era assim tão dolorosa e fraca, que ele soltou-a; ela ergueu-se, apanhou o guarda-solinho e ficou diante dele, com o beicinho a tremer, murmurando:

— É mal feito... É mal feito...

Ele mesmo estava tão perturbado — que a deixou descer para o caminho: e daí a um momento seguiam ambos calados para a vila. Foi só na estalagem que ele pensou: «Fui um tolo!»

Mas no fundo estava contente da sua generosidade. A noite foi a casa dela: encontrou-a com o pequerrucho no colo, lavando-lhe em água de malvas as feridas que ele tinha na perna. E então pareceu-lhe odioso distrair aquela mulher dos seus doentes. De resto um momento como aquele no moinho não voltaria. Seria absurdo ficar ali, naquele canto odioso da província, desmoralizando, a frio, uma boa mãe... A venda da fazenda estava concluída. Por isso, no dia seguinte, apareceu de tarde, a dizer-lhe adeus: partia à noitinha na diligência; encontrou-a na sala, à janela costumada, com a pequenada doente aninhada contra as suas saias... Ouviu que ele partia, sem lhe mudar a cor, sem lhe arfar o peito. Mas Adrião achou-lhe a palma da mão tão fria como um mármore: e quando ele saiu, Maria da Piedade ficou voltada para a janela, escondendo a face dos pequenos, olhando abstractamente a paisagem que escurecia, com as lágrimas, quatro a quatro, caindo-lhe na costura...

Amava-o. Desde os primeiros dias, a sua figura resoluta e forte, os seus olhos luzidios, toda a virilidade da sua pessoa, se lhe tinham apossado da imaginação. O que a encantava nele não era o seu talento, nem a sua celebridade em Lisboa, nem as mulheres que o tinham amado: isso para ela aparecia-lhe vago e pouco compreensível: o que a fascinava era aquela seriedade, aquele ar honesto e são, aquela robustez de vida, aquela voz tão grave e tão rica: e antevia, para além da sua existência

ligada a um inválido, outras existências possíveis, em que se não vê sempre diante dos olhos uma face fraca e moribunda, em que as noites se não passam a esperar as horas dos remédios... Era como uma rajada de ar impregnado de todas as forças vivas da Natureza, que atravessava, subitamente, a sua alcova abafada: e respirava-a deliciosamente... Depois, tinha ouvido aquelas conversas em que ele se mostrava tão bom, tão sério, tão delicado: e à força do seu corpo, que admirava, juntava-se agora um coração terno, duma ternura varonil e forte, para a cativar... Este amor latente invadiu-a, apoderou-se dela uma noite que lhe apareceu esta ideia, esta visão: «Se ele fosse meu marido!» Toda ela estremeceu, apertou desesperadamente os braços contra o peito, como confundindo-se com a sua imagem evocada, prendendo-se a ela, refugiando-se na sua força... Depois ele deu-lhe aquele beijo no moinho.
E partira!

Então começou para Maria da Piedade uma existência de abandonada. Tudo de repente em volta dela — a doença do marido, achaques dos filhos, tristezas do seu dia, a sua costura — lhe pareceu lúgubre. Os seus deveres, agora que não punha neles toda a sua alma, eram-lhe pesados como fardos injustos. A sua vida representava-se-lhe como desgraça excepcional: não se revoltava ainda, mas tinha desses abatimentos, dessas súbitas fadigas de todo o seu ser, em que caía sobre a cadeira, com os braços pendentes, murmurando:
— Quando se acabará isto?
Refugiava-se então naquele amor como uma compensação deliciosa. Julgando-o todo puro, todo de alma, deixava-se penetrar dele e da sua lenta influência. Adrião tornara-se, na sua imaginação, como um ser de proporções extraordinárias, tudo o que é forte, e que é belo, e que dá razão à vida. Não quis que nada do que era dele ou vinha dele lhe fosse alheio. Leu todos os seus livros, sobretudo aquela «Madalena» que também amara, e morrera dum abandono. Estas leituras calmavam-na, davam-

-lhe como uma vaga satisfação ao desejo. Chorando as dores das heroínas de romance, parecia sentir alívio às suas.

Lentamente, esta necessidade de encher a imaginação desses lances de amor, de dramas infelizes, apoderou-se dela. Foi durante meses um devorar constante de romances. Ia-se assim criando no seu espírito um mundo artificial e idealizado. A realidade tornava-se-lhe odiosa, sobretudo sob aquele aspecto da sua casa, onde encontrava sempre agarrado às saias um ser enfermo. Vieram as primeiras revoltas. Tornou-se impaciente e áspera. Não suportava ser arrancada aos episódios sentimentais do seu livro, para ir ajudar a voltar o marido e sentir-lhe o hálito mau. Veio-lhe o nojo das garrafadas, dos emplastros, das feridas dos pequenos a lavar. Começou a ler versos. Passava horas só, num mutismo, à janela, tendo sob o seu olhar de virgem loura toda a rebelião duma apaixonada. Acreditava nos amantes que escalam os balcões, entre o canto dos rouxinóis: e queria ser amada assim, possuída num mistério de noite romântica...

O seu amor desprendeu-se pouco a pouco da imagem de Adrião e alargou-se, estendeu-se a um ser vago que era feito de tudo o que a encantara nos heróis de novela; era um ente meio príncipe e meio facínora, que tinha, sobretudo, a força. Porque era isto que admirava, que queria, por que ansiava nas noites cálidas em que não podia dormir — dois braços fortes como aço, que a apertassem num abraço mortal, dois lábios de fogo que, num beijo, lhe chupassem a alma. Estava uma histérica.

Às vezes, ao pé do leito do marido, vendo diante de si aquele corpo de tísico, numa imobilidade de entrevado, vinha-lhe um ódio torpe, um desejo de lhe apressar a morte...

E no meio desta excitação mórbida do temperamento irritado, eram fraquezas súbitas, sustos de ave que pousa, um grito ao ouvir bater uma porta, uma palidez de desmaio se havia na sala flores muito cheirosas... À noite abafava; abria a janela; mas o cálido ar, o bafo morno da terra aquecida do sol, enchiam-na dum desejo intenso, duma ânsia voluptuosa, cortada de crises de choro...

A santa tornava-se Vénus.

E o romanticismo mórbido tinha penetrado tanto naquele ser, e desmoralizara-o tão profundamente, que chegou ao momento em que bastaria que um homem lhe tocasse, para ela lhe cair nos braços — e foi o que sucedeu enfim, com o primeiro que a namorou, daí a dois anos. Era o praticante da botica.

Por causa dele escandalizou toda a vila. E agora deixa a casa numa desordem, os filhos sujos e ramelosos, em farrapos, sem comer até altas horas, o marido a gemer abandonado na sua alcova, toda a trapagem dos emplastros por cima das cadeiras, tudo num desamparo torpe — para andar atrás do homem, um maganão odioso e sebento, de cara balofa e gordalhufa, luneta preta com grossa fita passada atrás da orelha e bonezinho de seda posto à catita. Vem de noite às entrevistas de chinelo de ourelo; cheira a suor; e pede-lhe dinheiro emprestado para sustentar uma Joana, criatura obesa, a quem chamam na vila «a Bola de Unto».

CIVILIZAÇÃO

I

Eu possuo preciosamente um amigo (o seu nome é Jacinto) que nasceu num palácio, com quarenta contos de renda em pingues terras de pão, azeite e gado.

Desde o berço, onde sua mãe, senhora gorda e crédula de Trás-os-Montes, espalhava, para reter as Fadas Benéficas, funcho e âmbar, Jacinto fora sempre mais resistente e são que um pinheiro das dunas. Um lindo rio, murmuroso e transparente, com um leito muito liso de areia muito branca, reflectindo apenas pedaços lustrosos de um céu de Verão ou ramagens sempre verdes e de bom aroma, não ofereceria, àquele que o descesse numa barca cheia de almofadas e de champanhe gelado, mais doçura e facilidades do que a vida oferecia ao meu camarada Jacinto. Não teve sarampo e não teve lombrigas. Nunca padeceu, mesmo na idade em que se lê Balzac e Musset, os tormentos da sensibilidade. Nas suas amizades foi sempre tão feliz como o clássico Orestes. Do amor só experimentara o mel — esse mel que o amor invariavelmente concede a quem o pratica, como as abelhas, com ligeireza e mobilidade. Ambição, sentira somente a de compreender bem as ideias gerais, e a «ponta do seu intelecto» (como diz o velho cronista medieval) não estava ainda romba nem ferrugenta... E todavia, desde os vinte e oito anos, Jacinto já se vinha repastando de Schopenhauer, do *Ecclesiastes*, de outros pessimistas menores, e três, quatro vezes por dia, bocejava, com um bocejo cavo e lento, passando os dedos finos

7

97

sobre as faces, como se nelas só palpasse palidez e ruína. Porquê?

Era ele, de todos os homens que conheci, o mais complexamente civilizado — ou antes aquele que se munira da mais vasta soma de civilização material, ornamental e intelectual. Nesse palácio (floridamente chamado o Jasmineiro) que seu pai, também Jacinto, construíra sobre uma honesta casa do século XVII, assoalhada a pinho e branqueada a cal — existia, creio eu, tudo quanto para bem do espírito ou da matéria os homens têm criado, através da incerteza e dor, desde que abandonaram o vale feliz de Septa-Sindu, a Terra das Águas Fáceis, o doce país ariano. A biblioteca — que em duas salas, amplas e claras como praças, forrava as paredes, inteiramente, desde os tapetes de Caramânia até ao tecto, donde, alternadamente, através de cristais, o sol e a electricidade vertiam uma luz estudiosa e calma — continha vinte e cinco mil volumes, instalados em ébano, magnificamente revestidos de marroquim escarlate. Só sistemas filosóficos (e com justa prudência, para poupar espaço, o bibliotecário apenas coleccionara os que irreconciliavelmente se contradizem) havia mil oitocentos e dezassete!

Uma tarde que eu desejava copiar um ditame de Adam Smith, percorri, buscando este economista ao longo das estantes, oito metros de economia política! Assim se achava formidavelmente abastecido o meu amigo Jacinto de todas as obras essenciais da inteligência — e mesmo da estupidez. E o único inconveniente deste monumental armazém do saber era que todo aquele que lá penetrava, inevitavelmente lá adormecia, por causa das poltronas, que, providas de finas pranchas móveis para sustentar o livro, o charuto, o lápis das notas, a taça de café, ofereciam ainda uma combinação oscilante e flácida de almofadas, onde o corpo encontrava logo, para mal do espírito, a doçura, a profundidade e a paz estirada dum leito.

Ao fundo, e como um altar-mor, era o gabinete de trabalho de Jacinto. A sua cadeira, grave e abacial, de couro, com brasões, datava do século XIV, e em torno dela pendiam numerosos tubos acústicos, que, sobre os panejamentos de seda cor de musgo e cor de hera, pareciam serpentes adormecidas e suspensas num velho muro de quinta. Nunca recordo sem assombro a sua mesa, recoberta toda de sagazes e subtis instrumentos para cortar papel, numerar páginas, colar estampilhas, aguçar lápis, raspar emendas, imprimir datas, derreter lacre, cintar documentos, carimbar contas! Uns de níquel, outros de aço, rebrilhantes e frios, todos eram de um manejo laborioso e lento: alguns, com as molas rígidas, as pontas vivas, trilhavam e feriam: e nas largas folhas de papel «Whatman» em que ele escrevia, e que custavam quinhentos réis, eu por vezes surpreendi gotas de sangue do meu amigo. Mas a todos ele considerava indispensáveis para compor as suas cartas (Jacinto não compunha obras) assim como os trinta e cinco dicionários, e os manuais, e as enciclopédias, e os guias, e os directórios, atulhando uma estante isolada, esguia, em forma de torre, que silenciosamente girava sobre o seu pedestal, e que eu denominara o Farol. O que, porém, mais completamente imprimia àquele gabinete um portentoso carácter de civilização eram, sobre as suas peanhas de carvalho, os grandes aparelhos, facilitadores do pensamento — a máquina de escrever, os autocopistas, o telégrafo Morse, o fonógrafo, o telefone, o teatrofone, outros ainda, todos com metais luzidios, todos com longos fios. Constantemente sons curtos e secos retiniam no ar morno daquele santuário. Tique, tique, tique! Dlim, dlim, dlim! Craque, craque, craque! Trrre, trrre, trrre!... Era o meu amigo comunicando. Todos esses fios mergulhados em forças universais transmitiam forças universais. E elas nem sempre, desgraçadamente, se conservavam domadas e disciplinadas! Jacinto recolhera no fonógrafo a voz do conselheiro Pinto Porto, uma voz oracular e rotunda, no momento de exclamar com respeito, com autoridade:

— *Maravilhosa invenção! Quem não admirará os progressos deste século?*

Pois, numa doce noite de S. João, o meu supercivilizado amigo, desejando que umas senhoras parentas de Pinto Porto (as amáveis Gouveias) admirassem o fonógrafo, fez romper do bocarrão do aparelho, que parece uma trompa, a conhecida voz rotunda e oracular:

— *Quem não admirará os progressos deste século?*

Mas, inábil ou brusco, certamente desconcertou alguma mola vital — porque de repente o fonógrafo começa a redizer, sem descontinuação, interminavelmente, com uma sonoridade cada vez mais rotunda, a sentença do conselheiro:

— *Quem não admirará os progressos deste século?*

Debalde Jacinto, pálido, com os dedos trémulos, torturava o aparelho. A exclamação recomeçava, rolava, oracular e majestosa:

— *Quem não admirará os progressos deste século?*

Enervados, retirámos para uma sala distante, pesadamente revestida de panos de Arrás. Em vão! A voz de Pinto Porto lá estava, entre os panos de Arrás, implacável e rotunda:

— *Quem não admirará os progressos deste século?*

Furiosos, enterrámos uma almofada na boca do fonógrafo, atirámos por cima mantas, cobertores espessos, para sufocar a voz abominável. Em vão! Sob a mordaça, sob as grossas lãs, a voz rouquejava, surda mas oracular:

— *Quem não admirará os progressos deste século?*

As amáveis Gouveias tinham abalado, apertando desesperadamente os xales sobre a cabeça. Mesmo à cozinha, onde nos refugiámos, a voz descia, engasgada e gosmosa:

— *Quem não admirará os progressos deste século?*

Fugimos espavoridos para a rua.

Era de madrugada. Um fresco bando de raparigas, de volta das fontes, passava cantando com braçados de flores:

Todas as ervas são bentas
Em manhã de S. João...

Jacinto, respirando o ar matinal, limpava as bagas lentas do suor. Recolhemos ao Jasmineiro, com o sol já alto, já quente. Muito de manso abrimos as portas, como no receio de despertar *alguém*. Horror! Logo da antecâmara percebemos sons estrangulados, roufenhos: «*admirará ... progressos ... século!...*» Só de tarde um electricista pôde emudecer aquele fonógrafo horrendo.

Bem mais aprazível (para mim) do que esse gabinete temerosamente atulhado de civilização — era a sala de jantar, pelo seu arranjo compreensível, fácil e íntimo. À mesa só cabiam seis amigos que Jacinto escolhia com critério na literatura, na arte e na metafísica, e que, entre as tapeçarias de Arrás, representando colinas, pomares e pórticos da Ática, cheias de classicismo e de luz, renovavam ali repetidamente banquetes que, pela sua intelectualidade, lembravam os de Platão. Cada garfada se cruzava com um pensamento ou com palavras destramente arranjadas em forma de pensamento.

E a cada talher correspondiam seis garfos, todos de feitios dissemelhantes e astuciosos — um para as ostras, outro para o peixe, outro para as carnes, outro para os legumes, outro para a fruta, outro para o queijo. Os copos, pela diversidade dos contornos e das cores, faziam, sobre a toalha mais reluzente que esmalte, como ramalhetes silvestres espalhados por cima de neve. Mas Jacinto e os seus filósofos, lembrando o que o experiente Salomão ensina sobre as ruínas e amarguras do vinho, bebiam apenas em três gotas de água uma gota de Bordéus (Chateaubriand, 1860). Assim o recomendam Hesíodo no seu *Nereu*, Díocles nas suas *Abelhas*. E de águas havia sempre no Jasmineiro um luxo redundante — águas geladas, águas carbonatadas, águas esterilizadas, águas gasosas, águas de sais, águas minerais, outras ainda, em garrafas sérias, com tratados terapêuticos impressos no rótulo ... O cozinheiro, mestre Sardão, era daqueles que Anaxágoras equiparava aos Retóricos, aos Oradores, a todos os que sabem a arte divina de «temperar e servir a Ideia»: e em Síbaris, cidade do Viver Excelente, os magistrados teriam votado a mestre Sardão, pelas festas de Juno Lacínia, a coroa de folhas de ouro e a túnica milésia que se devia aos benfeitores cívicos. A sua sopa de alcachofras e ovas de carpa; os seus filetes de veado macerados em velho Madeira com puré de nozes; as suas amoras geladas em éter, outros acepipes ainda, numerosos e profundos (e os únicos que tolerava o meu Jacinto) eram obras de um artista, superior pela abundância das ideias novas — e juntavam sempre a raridade do sabor à magnificência da forma. Tal prato desse mestre incomparável, parecia, pela ornamentação, pela graça florida dos lavores, pelo arranjo dos coloridos frescos e cantantes, uma jóia esmaltada do cinzel de Meurice ou Cellini. Quantas tardes eu desejei fotografar aquelas composições de excelente fantasia, antes que o trinchante as retalhasse! E esta superfinidade do comer condizia deliciosamente com a do servir. Por sobre um tapete, mais fofo e mole que o musgo da floresta da Brocelanda, deslizavam, como sombras fardadas de branco, cinco criados e um pajem preto, à maneira vistosa do século XVIII. As travessas (de prata) subiam da cozinha e da copa por dois ascensores, um para as iguarias quentes, forrado de tubos onde a água fervia; outro, mais lento, para as iguarias frias, forrado de zinco, amónia e sal, e ambos escondidos por flores tão densas e viçosas, que era como se até a sopa saísse fumegando dos românticos jardins de Armida. E muito bem me lembro de um domingo de Maio em que, jantando com Jacinto um bispo, o erudito bispo de Chorazin, o peixe emperrou no meio do ascensor, sendo necessário que acudissem, para o extrair, pedreiros com alavancas.

II

Nas tardes em que havia «banquete de Platão» (que assim denominávamos essas festas de trufas e ideias gerais), eu, vizinho e íntimo, aparecia ao declinar do Sol, e subia familiarmente ao quarto do nosso Jacinto — onde o encontrava sempre incerto entre as suas casacas, porque as usava alternadamente de seda, de pano, de flanelas Jaegher, e de *foulard* das Índias. O quarto respirava o frescor e aroma de jardim por duas vastas janelas, providas magnificamente (além das cortinas de seda mole Luís XV) de uma vidraça exterior de cristal inteiro, duma vidraça interior de cristais miudos, dum toldo rolando na cimalha, dum estore de sedinha frouxa, de gazes que franziam e se enrolavam como nuvens, e duma gelosia móvel de gradaria mourisca. Todos estes resguardos (sábia invenção de Holland & C.ª, de Londres) serviam a graduar a luz e o ar — segundo os avisos de termómetros, barómetros e higrómetros, montados em ébano, e a que um meteorologista (Cunha Guedes) vinha, todas as semanas, verificar a precisão.

Entre estas duas varandas rebrilhava a mesa de *toilette*, uma mesa enorme de vidro, toda de vidro, para a tornar impenetrável aos micróbios, e coberta de todos esses utensílios de asseio e alinho que o homem do século XIX necessita numa capital, para não desfear o conjunto sumptuário da civilização. Quando o nosso Jacinto, arrastando as suas engenhosas chinelas de pelica e seda, se acercava desta ara — eu, bem aconchegado num divã, abria com indolência uma revista, ordinariamente a *Revista Electropática*, ou a das *Indagações Psíquicas*. E Jacinto começava... Cada um desses utensílios de aço, de marfim, de prata, impunham ao meu amigo, pela influência omnipoderosa que as coisas exercem sobre o dono *(sunt tyranniæ rerum)* o dever de o utilizar com aptidão e deferência. E assim as operações do alindamento de Jacinto apresentavam a prolixidade, reverente e insuprimível, dos ritos dum sacrifício.

Começava pelo cabelo... Com uma escova chata, redonda e dura, acamava o cabelo, corredio e louro, no alto, aos lados da risca; com uma escova estreita e recurva, à maneira do alfange dum persa, ondeava o cabelo sobre a orelha; com uma escova côncava, em forma de telha, empastava o cabelo, por trás, sobre a nuca... Respirava e sorria. Depois, com uma escova de longas cerdas, fixava o bigode; com uma escova leve e flácida acurvava as sobrancelhas; com uma escova feita de penugem regularizava as pestanas. E deste modo Jacinto ficava diante do espelho, passando pêlos sobre o seu pêlo, durante catorze minutos.

Penteado e cansado, ia purificar as mãos. Dois criados, ao fundo, manobravam com perícia e vigor os aparelhos do lavatório — que era apenas um resumo dos maquinismos monumentais da sala de banho. Ali, sobre o mármore verde e róseo do lavatório, havia apenas duas duches (quente e fria) para a cabeça; quatro jactos, graduados desde zero até cem graus; o vaporizador de perfumes; a fonte de água esterilizada (para os dentes); o repuxo para a barba; e ainda torneiras que rebrilhavam e botões de ébano que, de leve roçados, desencadeavam o marulho e o estridor de torrentes nos Alpes... Nunca eu, para molhar os dedos, me cheguei àquele lavatório sem terror — escarmentado da tarde amarga de Janeiro em que bruscamente, dessoldada a torneira, o jacto de água a cem graus rebentou, silvando e fumegando, furioso, devastador... Fugimos todos, espavoridos. Um clamor atroou o Jasmineiro. O velho Grilo, escudeiro que fora do Jacinto pai, ficou coberto de empolas na face, nas mãos fiéis.

Quando Jacinto acabava de se enxugar laboriosamente a toalhas de felpo, de linho, de corda entrançada (para restabelecer a circulação), de seda frouxa (para lustrar a pele) bocejava, com um bocejo cavo e lento.

E era este bocejo, perpétuo e vago, que nos inquietava a nós, seus amigos e filósofos. Que faltava a este homem excelente? Ele tinha a sua inabalável saúde de pinheiro bravo, crescido nas dunas; uma luz da inteligência, própria a tudo alumiar, firme e clara sem tremor ou morrão; quarenta magníficos contos de renda; todas as simpatias duma cidade chasqueadora e céptica; uma vida varrida de sombras, mais liberta e lisa do que um céu de Verão... E todavia bocejava constantemente, palpava na face, com os dedos finos, a palidez e as rugas. Aos trinta anos Jacinto corcovava, como sob um fardo injusto! E pela morosidade desconsolada de toda a sua acção parecia ligado, desde os dedos até à vontade, pelas malhas apertadas duma rede que se não via e que o travava. Era doloroso testemunhar o fastio com que ele, para apontar um endereço, tomava o seu lápis pneumático, a sua pena eléctrica — ou, para avisar o cocheiro, apanhava o tubo telefónico!... Nesse mover lento do braço magro, nos vincos que lhe arrepanhavam o nariz, mesmo nos seus silêncios, longos e derreados, se sentia o brado constante que lhe ia na alma: «Que maçada! Que maçada!» Claramente a vida era para Jacinto um cansaço — ou por laboriosa e difícil, ou por desinteressante e oca. Por isso o meu pobre amigo procurava constantemente juntar à sua vida novos interesses, novas facilidades. Dois inventores, homens de muito zelo e pesquisa, estavam encarregados, um em Inglaterra, outro na América, de lhe noticiar e de lhe fornecer todas as invenções, as mais miúdas, que concorressem a aperfeiçoar a confortabilidade do Jasmineiro. De resto, ele próprio se correspondia com Edison. E, pelo lado do pensamento, Jacinto não cessava também de buscar interesses e emoções que o reconciliassem com a vida — penetrando à cata dessas emoções e desses interesses pelas veredas mais desviadas do saber, a ponto de devorar, desde Janeiro a Março, setenta e sete volumes sobre a *evolução das ideias morais entre as raças negróides*. Ah! nunca homem deste século batalhou mais esforçadamente contra a *seca de viver!* Debalde! Mesmo de explorações tão cativantes como essa, através da moral dos negróides, Jacinto regressava mais murcho, com bocejos mais cavos!

E era então que ele se refugiava intensamente na leitura de Schopenhauer e do *Ecclesiastes*. Porquê? Sem dúvida porque ambos esses pessimistas o confirmavam nas conclusões que ele tirava de uma experiência paciente e rigorosa, «que tudo é vaidade ou dor, que quanto mais se sabe, mais se pena, e que ter sido rei de Jerusalém e obtido os gozos todos na vida só leva a maior amargura...» Mas porque rolara assim a tão escura desilusão — o saudável, rico, sereno e intelectual Jacinto? O velho escudeiro Grilo pretendia que «Sua Excelência sofria de fartura»!

III

Ora justamente depois desse Inverno, em que ele se embrenhara na moral dos negróides e instalara a luz eléctrica entre os arvoredos do jardim, sucedeu que Jacinto teve a necessidade moral iniludível de partir para o Norte, para o seu velho solar de Torges. Jacinto não conhecia Torges, e foi com desusado tédio que ele se preparou, durante sete semanas, para essa jornada agreste. A quinta fica nas serras — e a rude casa solarenga, onde ainda resta uma torre do século XV, estava ocupada, havia trinta anos, pelos caseiros, boa gente de trabalho, que comia o seu caldo entre a fumaraça da lareira e estendia o trigo a secar nas salas senhoriais.

Jacinto, logo nos começos de Março, escrevera cuidadosamente ao seu procurador Sousa, que habitava a aldeia de Torges, ordenando-lhe que compusesse os telhados, caiasse os muros, envidraçasse as janelas. Depois mandou expedir, por comboios rápidos, em caixotes que transpunham a custo os portões do Jasmineiro, todos os confortos necessários a duas semanas de montanha — camas de penas, poltronas, divãs, lâmpadas de Carcel, banheiras de níquel, tubos acústicos para chamar os escudeiros, tapetes persas para amaciar os soalhos. Um dos cocheiros partiu com um *coupé*, uma vitória, um *break*, mulas e guizos.

Depois foi o cozinheiro, com a bateria, a garrafeira, a geleira, bocais de trufas, caixas profundas de águas minerais. Desde o amanhecer, nos pátios largos do palacete, se pregava, se martelava, como na construção de uma cidade. E as bagagens, desfilando, lembravam uma página de Heródoto ao narrar a invasão persa. Jacinto emagrecera com os cuidados daquele Êxodo. Por fim, largámos numa manhã de Junho, com o Grilo, e trinta e sete malas.

Eu acompanhava Jacinto, no meu caminho para Goães, onde vive minha tia, a uma légua farta de Torges: e íamos num vagão reservado, entre vastas almofadas, com perdizes e champanhe num cesto. A meio da jornada devíamos mudar de comboio — nessa estação que tem um nome sonoro em *ola* e um tão suave e cândido jardim de roseiras brancas. Era domingo de imensa poeira e sol — e encontrámos aí, enchendo a plataforma estreita, todo um povaréu festivo que vinha da romaria de S. Gregório da Serra.

Para aquele trasbordo, em tarde de arraial, o horário só nos concedia três minutos avaros. O outro comboio já esperava, rente aos alpendres, impaciente e silvando. Uma sineta badalava com furor. E, sem mesmo atender às lindas moças que ali saracoteavam, aos bandos, afogueadas, de lenços flamejantes, o seio farto coberto de ouro, e a imagem do santo espetada no chapéu — corremos, empurrámos, furámos, saltámos para o outro vagão, já reservado, marcado por um cartão com as iniciais de Jacinto. Imediatamente o trem rolou. Pensei então no nosso Grilo, nas trinta e sete malas! E debruçado da portinhola avistei ainda junto ao cunhal da estação, sob os eucaliptos, um monte de bagagens, e homens de boné agaloado que, diante delas, bracejavam com desespero.

Murmurei, recaindo nas almofadas:

— Que serviço!

Jacinto, ao canto, sem descerrar os olhos, suspirou:

— Que maçada!

Toda uma hora deslizámos lentamente entre trigais e vinhedo; e ainda o sol batia nas vidraças, quente e poeirento, quando chegámos à estação de Gondim, onde o procurador de Jacinto, o excelente Sousa, nos devia esperar com cavalos para treparmos a serra até ao solar de Torges. Por trás do jardim da estação, todo florido também de rosas e margaridas, Jacinto reconheceu logo as suas carruagens, ainda empacotadas em lona.

Mas quando nos apeámos no pequeno cais branco e fresco — só houve em torno de nós solidão e silêncio... Nem procurador, nem cavalos! O chefe da estação, a quem eu perguntara com ansiedade «se não aparecera ali o sr. Sousa, se não conhecia o sr. Sousa», tirou afavelmente o seu boné de galão. Era um moço gordo e redondo, com cores de maçã camoesa, que trazia sob o braço um volume de versos. «Conhecia perfeitamente o sr. Sousa! Três semanas antes jogara ele a manilha com o sr. Sousa! Nessa tarde, porém, infelizmente, não avistara o sr. Sousa!» O comboio desaparecera por detrás das fragas altas que ali pendem sobre o rio. Um carregador enrolava o cigarro, assobiando. Rente da grade do jardim, uma velha, toda de negro, dormitava agachada no chão, diante duma cesta de ovos. E o nosso Grilo, e as nossas bagagens?... O chefe encolheu risonhamente os ombros nédios. Todos os nossos bens tinham encalhado, decerto, naquela estação de roseiras brancas que tem um nome sonoro em *ola*. E nós ali estávamos, perdidos na serra agreste, sem procurador, sem cavalos, sem Grilo, sem malas.

Para que esfiar miudamente o lance lamentável? Ao pé da estação, numa quebrada da serra, havia um casal foreiro à quinta, onde alcançámos, para nos levarem e nos guiarem a Torges, uma égua lazarenta, um jumento branco, um rapaz e um podengo. E aí começámos a trepar, enfastiadamente, estes caminhos agrestes — os mesmos, decerto, por onde vinham e iam, de monte a rio, os Jacintos do século XV. Mas, passada uma trémula ponte de pau que galga um ribeiro todo quebrado por fragas (e onde abunda a truta adorável) os nossos males esqueceram, ante a inesperada, incomparável beleza daquela serra bendita. O divino artista que está nos Céus compusera, certamente, esse monte numa das suas manhãs de mais solene e bucólica inspiração.

A grandeza era tanta como a graça... Dizer os vales fofos de verdura, os bosques quase sacros, os pomares cheirosos e em flor, a frescura das águas cantantes, as ermidinhas branqueando nos altos, as rochas musgosas, o ar de uma doçura de Paraíso, toda a majestade e toda a lindeza — não é para mim, homem de pequena arte. Nem creio mesmo que fosse para mestre Horácio. Quem pode dizer a beleza das coisas, tão simples e inexprimível? Jacinto adiante, na égua tarda, murmurava:

— Ah! que beleza!

Eu atrás, no burro, com as pernas bambas, murmurava:

— Ah! que beleza!

Os espertos regatos riam, saltando de rocha em rocha. Finos ramos de arbustos floridos roçavam as nossas faces, com familiaridade e carinho. Muito tempo um melro nos seguiu, de choupo para castanheiro, assobiando os nossos louvores. Serra bem acolhedora e amável... Ah! que beleza!

Por entre estes «Ahs!» maravilhados chegámos a uma avenida de faias, que nos pareceu clássica e nobre. Atirando uma nova vergastada ao burro e à égua, o nosso rapaz, com o seu podengo ao lado, gritava:

— Aqui é que estemos!

E ao fundo das faias havia com efeito um portão de quinta, que um escudo de armas de velha pedra, roída de musgo, grandemente afidalgava. Dentro já os cães ladravam com furor. E mal Jacinto, e eu atrás dele no burro de Sancho, transpusemos o limiar solarengo, correu para nós, do alto de uma escadaria, um homem branco, rapado como um clérigo, sem colete, sem jaleca, que erguia para o ar, num assombro, os braços esgazeados. Era o caseiro, o Zé Brás. E logo ali, nas pedras do pátio, entre o latir dos cães, surdiu uma tumultuosa história que o pobre Brás balbuciava, aturdido, e que enchia a face de Jacinto de lividez e de cólera. O caseiro não esperava Sua Excelência. Ninguém esperava Sua Excelência. (Ele dizia *sua inselência.*)

O procurador, o sr. Sousa, estava para a raia desde Maio, a tratar a mãe que levara um couce de mula. E decerto houvera engano, cartas perdidas... Porque o sr. Sousa só contava com Sua Excelência, em Setembro, para a vindima. Na casa nenhuma obra começara. E infelizmente para Sua Excelência os telhados ainda estavam sem telhas, e as janelas sem vidraças...

Cruzei os braços, num justo espanto. Mas os caixotes — esses caixotes remetidos para Torges, com tanta prudência, em Abril, repletos de colchões, de regalos, de civilização?... O caseiro, vago, sem compreender, arregalava os olhos miúdos, onde já bailavam lágrimas. Os caixotes?! Nada chegara, nada aparecera. E na sua perturbação o Zé Brás procurava entre as arcadas do pátio, nas algibeiras das pantalonas ... Os caixotes? Não, não tinha os caixotes!

Foi então que o cocheiro de Jacinto (que trouxera os cavalos e as carruagens) se acercou, gravemente. Esse era um civilizado — e acusou logo o governo. Já quando ele servia o senhor visconde de S. Francisco se tinham assim perdido, por desleixo do governo, da cidade para a serra, dois caixotes com vinho velho da Madeira e roupa branca de senhora. Por isso ele, escarmentado, sem confiança na Nação, não largara as carruagens — e era tudo o que restava a Sua Excelência: o *break*, a vitória, o *coupé* e os guizos. Somente, naquela rude montanha, não havia estradas onde elas rolassem. E como só podiam subir para a quinta em grandes carros de bois — ele lá as deixara em baixo, na estação, quietas, empacotadas na lona ...

Jacinto ficara plantado diante de mim, com as mãos nos bolsos:

— E agora?

Nada restava senão recolher, cear o caldo do Zé Brás, e dormir nas palhas que os fados nos concedessem. Subimos. A escadaria nobre conduzia a uma varanda, toda coberta, em alpendre, acompanhando a fachada do casarão e ornada, entre os seus grossos pilares de granito, por caixotes cheios de terra, em que floriam cravos. Colhi um cravo. Entrámos. E o meu pobre Jacinto contemplou, enfim, as salas do seu solar! Eram enormes, com as altas paredes rebocadas a cal que o tempo e o abandono tinham enegrecido, e vazias, desoladamente nuas, oferecendo apenas como vestígio de habitação e de vida, pelos cantos, algum monte de cestos ou algum molho de enxadas. Nos tectos remotos de carvalho negro alvejavam manchas — que era o céu já pálido do fim da tarde, surpreendido através dos buracos do telhado. Não restava uma vidraça. Por vezes, sob os nossos passos, uma tábua podre rangia e cedia.

Parámos, enfim, na última, a mais vasta, onde havia duas arcas tulheiras para guardar o grão; e aí depusemos,

melancolicamente, o que nos ficara de trinta e sete malas — os paletós alvadios, uma bengala e um *Jornal da Tarde*. Através das janelas desvidraçadas, por onde se avistavam copas de arvoredos e as serras azuis de além--rio, o ar entrava, montesino e largo, circulando plenamente como em um eirado, com aromas de pinheiro bravo. E lá de baixo, dos vales, subia, desgarrada e triste, uma voz de pegureira cantando. Jacinto balbuciou:
— É horroroso!
Eu murmurei:
— É campestre!

IV

O Zé Brás, no entanto, com as mãos na cabeça, desaparecera a ordenar a ceia para *suas inselências*. O pobre Jacinto, esbarrondado pelo desastre, sem resistência contra aquele brusco desaparecimento de toda a civilização, caíra pesadamente sobre o poial duma janela, e dali olhava os montes. E eu, a quem aqueles ares serranos e o cantar da pegureira sabiam bem, terminei por descer à cozinha, conduzido pelo cocheiro, através de escadas e becos, onde a escuridão vinha menos do crepúsculo do que de densas teias de aranha.

A cozinha era uma espessa massa de tons e formas negras, cor de fuligem, onde refulgia ao fundo, sobre o chão de terra, uma fogueira vermelha que lambia grossas panelas de ferro, e se perdia em fumarada pela grade escassa que no alto coava a luz. Aí um bando alvoroçado e palreiro de mulheres depenava frangos, batia ovos, escarolava arroz, com santo fervor... Do meio delas o bom caseiro, estonteado, investiu para mim jurando que «a ceia de *suas inselências* não demorava um credo». E como eu o interrogava a respeito de camas, o digno Brás teve um murmúrio vago e tímido sobre «enxergazinhas no chão».

— É o que basta, sr. Zé Brás — acudi eu para o consolar.

— Pois assim Deus seja servido! — suspirou o homem excelente, que atravessava, nessa hora, o transe mais amargo da sua vida serrana.

Voltando acima, com estas consolantes novas de ceia e cama, encontrei ainda o meu Jacinto no poial da janela, embebendo-se todo da doce paz crepuscular, que lenta e caladamente se estabelecia sobre vale e monte. No alto já tremeluzia uma estrela, a Vésper diamantina, que é tudo o que neste céu cristão resta do esplendor corporal de Vénus! Jacinto nunca considerara bem aquela estrela — nem assistira a este majestoso e doce adormecer das coisas. Esse enegrecimento de montes e arvoredos, casais claros fundindo-se na sombra, um toque dormente de sino que vinha pelas quebradas, o cochichar das águas entre as relvas baixas — eram para ele como iniciações. Eu estava defronte, no outro poial. E senti-o suspirar como um homem que enfim descansa.

Assim nos encontrou nesta contemplação o Zé Brás com o doce aviso de que estava na mesa a *ceiazinha*. Era adiante, noutra sala mais nua, mais negra. E aí, o meu supercivilizado Jacinto recuou com um pavor genuíno. Na mesa de pinho, recoberta com uma toalha de mãos, encostada à parede sórdida, uma vela de sebo, meio derretida num castiçal de latão, alumiava dois pratos de louça amarela, ladeados por colheres de pau e por garfos de ferro. Os copos, de vidro grosso e baço, conservavam o tom roxo do vinho que neles passara em fartos anos de fartas vindimas. O covilhete de barro com as azeitonas deleitaria, pela sua singeleza ática, o coração de Diógenes. Na larga broa estava cravado um facalhão... Pobre Jacinto!

Mas lá abancou resignado, e muito tempo, pensativamente, esfregou com o seu lenço o garfo negro e a colher de pau. Depois, mudo, desconfiado, provou um gole curto do caldo, que era de galinha e rescendia. Provou, e levantou para mim, seu companheiro e amigo, uns olhos largos que luziam, surpreendidos. Tornou a sorver uma colherada do caldo, mais cheia, mais lenta... E sorriu, murmurando com espanto:

— Está bom!

Estava realmente bom: tinha fígado e tinha moela: o seu perfume enternecia. Eu, três vezes, com energia, ataquei aquele caldo: foi Jacinto que rapou a sopeira. Mas já, arredando a broa, arredando a vela, o bom Zé Brás pousara na mesa uma travessa vidrada, que trasbordava de arroz com favas. Ora, apesar de a fava (que os Gregos chamaram *ciboria*) pertencer às épocas superiores da civilização, e promover tanto a sapiência que havia em Sício, na Galácia, um templo dedicado a Minerva Ciboriana — Jacinto sempre detestara favas. Tentou todavia uma garfada tímida. De novo os seus olhos, alargados pelo assombro, procuraram os meus. Outra garfada, outra concentração... E eis que o meu dificílimo amigo exclama:

— Está óptimo!

Eram os picantes ares da serra? Era a arte deliciosa daquelas mulheres que em baixo remexiam as panelas, cantando o «Vira, meu bem»? Não sei — mas os louvores de Jacinto a cada travessa foram ganhando em amplidão e firmeza. E diante do frango louro, assado no espeto de pau, terminou por bradar:

— Está divino!

Nada porém o entusiasmou como o vinho, o vinho caindo de alto, da grossa caneca verde, um vinho gostoso, penetrante, vivo, quente, que tinha em si mais alma que muito poema ou livro santo! Mirando à luz de sebo o copo rude que ele orlava de espuma, eu recordava o dia geórgico em que Virgílio, em casa de Horácio, sob a ramada, cantava o fresco palhete da Rética. E Jacinto, com uma cor que eu nunca vira na sua palidez schopenháurica, sussurrou logo o doce verso:

Rethica quo te carmina dicat.

Quem dignamente te cantará, vinho daquelas serras?!

Assim jantámos deliciosamente, sob os auspícios do Zé Brás. E depois voltámos para as alegrias únicas da casa, para as janelas desvidraçadas, a contemplar silenciosamente um sumptuoso céu de Verão, tão cheio de estrelas que todo ele parecia uma densa poeirada de ouro vivo, suspensa, imóvel, por cima dos montes negros. Como eu observei ao meu Jacinto, na cidade nunca se olham os astros por causa dos candeeiros — que os ofuscam: e nunca se entra por isso numa completa comunhão com o universo. O homem nas capitais pertence à sua casa, ou, se o impelem fortes tendências de sociabilidade, ao seu bairro. Tudo o isola e o separa da restante Natureza — os prédios obstrutores de seis andares, a fumaça das chaminés, o rolar moroso e grosso dos ónibus, a trama encarceradora da vida urbana... Mas que diferença, num cimo de monte, como Torges! Aí todas essas belas estrelas olham para nós de perto, rebrilhando, à maneira de olhos conscientes, umas fixamente, com sublime indiferença, outras ansiosamente, com uma luz que palpita, uma luz que chama, como se tentassem revelar os seus segredos ou compreender os nossos... E é impossível não sentir uma solidariedade perfeita entre esses imensos mundos e os nossos pobres corpos. Todos são obra da mesma vontade. Todos vivem da acção dessa vontade imanente. Todos, portanto, desde os Úranos até aos Jacintos, constituem modos diversos de um ser único, e através das suas transformações somam na mesma unidade. Não há ideia mais consoladora do que esta — que eu, e tu, e aquele monte, e o Sol que, agora, se esconde são moléculas do mesmo Todo, governadas pela mesma Lei, rolando para o mesmo Fim. Desde logo se somem as responsabilidades torturantes do individualismo. Que somos nós? Formas sem força, que uma Força impele. E há um descanso delicioso nesta certeza, mesmo fugitiva, de que se é o grão de pó irresponsável e passivo que vai levado no grande vento, ou a gota perdida na torrente! Jacinto concordava, sumido na sombra. Nem ele nem eu sabíamos os nomes desses astros admiráveis. Eu, por causa da maciça e indesbastável ignorância de bacharel, com que saí do ventre de Coimbra, minha mãe espiritual. Jacinto, porque na sua ponderosa biblioteca tinha *trezentos e dezoito* tratados sobre astronomia! Mas que nos importava, de resto, que aquele astro além se chamasse Sírio e aquele outro Aldebarã? Que lhes importava a eles que um de nós fosse José e o outro Jacinto? Éramos formas transitórias do mesmo ser eterno — e em nós havia o mesmo Deus. E se eles também assim o compreendiam, estávamos ali, nós à janela num casarão serrano, eles no seu maravilhoso infinito, perfazendo um acto sacrossanto, um perfeito acto de Graça — que era sentir conscientemente a nossa unidade, e realizar, durante um instante, na consciência, a nossa divinização.

Assim enevoadamente filosofávamos — quando Zé Brás, com uma candeia na mão, veio avisar que «estavam preparadas as camas de *suas inselências* ...» Da idealidade descemos gostosamente à realidade, e que vimos então nós, os irmãos dos astros? Em duas salas tenebrosas e côncavas, duas enxergas, postas no chão, a um canto, com duas cobertas de chita; à cabeceira um castiçal de latão, pousado sobre um alqueire: e aos pés, como lavatório, um alguidar vidrado em cima de uma cadeira de pau!

Em silêncio, o meu supercivilizado amigo palpou a sua enxerga e sentiu nela a rigidez dum granito. Depois, correndo pela face descaída os dedos murchos, considerou que, perdidas as suas malas, não tinha nem chinelas nem roupão! E foi ainda Zé Brás que providenciou, trazendo ao pobre Jacinto, para ele desafogar os pés, uns tremendos tamancos de pau, e para ele embrulhar o corpo, docemente educado em Síbaris, uma camisa da caseira, enorme, de estopa mais áspera que estamenha de penitente, e com folhos crespos e duros como lavores em madeira... Para o consolar, lembrei que Platão, quando compunha o *Banquete*, Xenofonte, quando comandava os Dez Mil, dormiam em piores catres. As enxergas austeras fazem as fortes almas — e é só vestido de estamenha que se penetra no Paraíso.

— Tem você — murmurou o meu amigo, desatento e seco — alguma coisa que eu leia?... Eu não posso adormecer sem ler!

Eu possuía apenas o número do *Jornal da Tarde*, que rasguei pelo meio e partilhei com ele fraternalmente. E quem não viu então Jacinto, senhor de Torges, acaçapado à borda da enxerga, junto da vela que pingava sobre o alqueire, com os pés nus encafuados nos grossos socos, perdido dentro da camisa da patroa, toda em folhos, percorrendo na metade do *Jornal da Tarde*, com os olhos turvos, os anúncios dos paquetes — não pode saber o que é uma vigorosa e real imagem do desalento!

Assim o deixei — e daí a pouco, estendido na minha enxerga também espartana, subia, através dum sonho jovial e erudito, ao planeta Vénus, onde encontrava, entre os olmos e os ciprestes, num vergel, Platão e o Zé Brás, em alta camaradagem intelectual, bebendo o vinho da Rética pelos copos de Torges! Travámos todos três bruscamente uma controvérsia sobre o século XIX. Ao longe, por entre uma floresta de roseiras mais altas que carvalhos, alvejavam os mármores duma cidade e ressoavam cantos sacros. Não recordo o que Xenofonte sustentou acerca da civilização e do fonógrafo. De repente tudo foi turbado por fuscas nuvens, através das quais eu distinguia Jacinto, fugindo num burro que ele impelia furiosamente com os calcanhares, com uma vergasta, com berros, para os lados do Jasmineiro!

V

Cedo, de madrugada, sem rumor, para não despertar Jacinto, que, com as mãos sobre o peito, dormia placidamente no seu leito de granito — parti para Goães. E durante três quietas semanas, naquela vila onde se conservam os hábitos e as ideias do tempo de el-rei D. Dinis, não soube do meu desconsolado amigo, que decerto fugira dos seus tectos esburacados e remergulhara na civilização. Depois, por uma abrasada manhã de Agosto, descendo de Goães, de novo trilhei a avenida de faias, e entrei o portão solarengo de Torges, entre o furioso latir dos rafeiros. A mulher do Zé Brás apareceu alvoroçada à porta da tulha. E a sua nova foi logo que o sr. D. Jacinto (em Torges, o meu amigo tinha dom) andava lá em baixo com o Sousa nos campos de Freixomil.

— Então, ainda cá está o sr. D. Jacinto?

Sua inselência ainda estava em Torges — e *sua inselência* ficava para a vindima!... Justamente eu reparava que as janelas do solar tinham vidraças novas; e a um canto do pátio pousavam baldes de cal; uma escada de pedreiro ficara arrimada contra a varanda; e num caixote aberto, ainda cheio de palha de empacotar, dormiam dois gatos.

— E o Grilo apareceu?

— O sr. Grilo está no pomar, à sombra.

— Bem! E as malas?

— O sr. D. Jacinto já tem o seu saquinho de couro...

Louvado Deus!! O meu Jacinto estava, enfim, provido de civilização! Subi contente. Na sala nobre, onde o soalho fora composto e esfregado, encontrei uma mesa recoberta de oleado, prateleiras de pinho com louça branca de Barcelos e cadeiras de palhinha, orlando as paredes muito caiadas que davam uma frescura de capela nova. Ao lado, noutra sala, também de faiscante alvura, havia o conforto inesperado de três cadeiras de verga da Madeira, com braços largos e almofadas de chita; sobre a mesa de pinho, o papel almaço, o candeeiro de azeite, as penas de pato espetadas num tinteiro de frade, pareciam preparadas para um estudo calmo e ditoso das humanidades: e na parede, suspensa de dois pregos, uma estantezinha continha quatro ou cinco livros, folheados e usados, o *D. Quixote*, um Virgílio, uma *História de Roma*, as *Crónicas* de Froissart. Adiante era certamente o quarto de D. Jacinto, um quarto claro e casto de estudante, com um catre de ferro, um lavatório de ferro, a roupa pendurada de cabides toscos. Tudo resplandecia de asseio e ordem. As janelas cerradas defendiam do sol de Agosto, que escaldava fora os peitoris de pedra. Do soalho borrifado de água, subia uma fresquidão consoladora. Num velho vaso azul um molho de cravos alegrava e perfumava. Não havia um rumor. Torges dormia no esplendor da sesta. E envolvido naquele repouso de convento remoto, terminei por me estender numa cadeira de verga junto à mesa, abri languidamente o Virgílio, murmurando:

> *Fortunate Jacinthe! tu inter arva nota*
> *Et fontes sacros frigus captabis opacum.*

Já mesmo irreverentemente adormecera sobre o divino bucolista, quando me despertou um brado amigo. Era o nosso Jacinto. E imediatamente o comparei a uma planta, meio murcha e estiolada no escuro, que fora profusamente regada e revivera em pleno sol. Não corcovava. Sobre a sua palidez de supercivilizado, o ar da serra ou a reconciliação com a vida tinham espalhado um tom trigueiro e forte que o virilizava soberbamente. Dos olhos, que na cidade eu lhe conhecera sempre crepusculares, saltava agora um brilho de meio-dia, decidido e largo, que mergulhava francamente na beleza das coisas. Já não passava as mãos murchas sobre a face — batia com elas rijamente na coxa... Que sei eu? Era uma reencarnação. E tudo o que me contou, pisando alegremente com os sapatos brancos o soalho, foi que se sentira, ao fim de três dias em Torges, como desanuviado, mandara comprar um colchão macio, reunira cinco livros nunca lidos, e ali estava...

— Para todo o Verão?
— Para todo o sempre! E agora, homem das cidades, vem almoçar umas trutas que eu pesquei, e compreende enfim o que é o Céu.

As trutas eram, com efeito, celestes. E apareceu também uma salada fria de couve-flor e vagens, e um vinho branco de Azães... Mas quem condignamente vos cantará, comeres e beberes daquelas serras?

De tarde, finda a calma, passeámos pelos caminhos coleando a vasta quinta, que vai de vales a montes. Jacinto parava a contemplar com carinho os milhos altos. Com a mão espalmada e forte batia no tronco dos castanheiros, como nas costas de amigos recuperados. Todo o

fio de água, todo o tufo de erva, todo o pé de vinha o ocupava como vidas filiais por que fosse responsável. Conhecia certos melros que cantavam em certos choupos. Exclamava enternecido:
— Que encanto, a flor do trevo!

À noite, depois de um cabrito assado no forno, a que mestre Horácio teria dedicado uma ode (talvez mesmo um carme heróico) conversámos sobre o Destino e a Vida. Eu citei, com discreta malícia, Schopenhauer e o *Ecclesiastes*... Mas Jacinto ergueu os ombros, com seguro desdém. A sua confiança nesses dois sombrios explicadores da vida desaparecera, e irremediavelmente, sem poder mais voltar, como uma névoa que o sol espalha. Tremenda tolice! Afirmar que a vida se compõe, meramente, duma longa ilusão — é erguer um aparatoso sistema sobre um ponto especial e estreito da vida, deixando fora do sistema toda a vida restante, como uma contradição permanente e soberba. Era como se ele, Jacinto, apontando para uma urtiga, crescida naquela pátio, declarasse, triunfalmente: «Aqui está uma urtiga! Toda a quinta de Torges, portanto, é uma massa de urtigas.» — Mas bastaria que o hóspede erguesse os olhos, para ver as searas, os pomares e os vinhedos!

De resto, desses dois ilustres pessimistas, um, o alemão, que conhecia ele da vida — dessa vida de que fizera, com doutoral majestade, uma teoria definitiva e dolente? Tudo o que pode conhecer quem, como este genial farsante, viveu cinquenta anos numa soturna hospedaria de província, levantando apenas os óculos dos livros para conversar, à mesa-redonda, com os alferes da guarnição! E o outro, o israelita, o homem dos «Cantares», o muito pedantesco rei de Jerusalém, só descobre que a vida é uma ilusão aos setenta e cinco anos, quando o poder lhe escapa das mãos trémulas, e o seu serralho de trezentas concubinas se torna ridiculamente supérfluo à sua carcaça frígida. Um dogmatiza funebremente sobre o que não sabe — e o outro sobre o que não pode. Mas que se dê a esse bom Schopenhauer uma vida tão completa e cheia como a de César, e onde estará o seu schopenhauerismo? Que se restitua a esse sultão, besuntado de literatura, que tanto edificou e professorou em Jerusalém, a sua virilidade — e onde estará o *Ecclesiastes?* De resto, que importa bendizer ou maldizer da vida? Afortunada ou dolorosa, fecunda ou vã, ela tem de ser vivida. Loucos aqueles que, para' a atravessar, se embrulham desde logo em pesados véus de tristeza e desilusão, de sorte que na sua estrada tudo lhes seja negrume, não só as léguas realmente escuras, mas mesmo aquelas em que cintila um sol amável. Na Terra tudo vive — e só o homem sente a dor e a desilusão da vida. E tanto mais as sente, quanto mais alarga e acumula a obra dessa inteligência que o torna homem, e que o separa da restante Natureza, impensante e inerte. É no máximo da civilização que ele experimenta o máximo de tédio. A sapiência, portanto, está em recuar até esse honesto mínimo de civilização, que consiste em ter um tecto de colmo, uma leira de terra e o grão para nela semear. Em resumo, para reaver a felicidade, é necessário regressar ao Paraíso — e ficar lá, quieto, na sua folha de vinha, inteiramente desguarnecido de civilização, contemplando o anho aos saltos entre o tomilho, e sem procurar, nem com o desejo, a árvore funesta da Ciência! *Dixi!*

Eu escutava, assombrado, este Jacinto novíssimo. Era verdadeiramente uma ressurreição no magnífico estilo de Lázaro. Ao *surge et ambula* que lhe tinham sussurrado as águas e os bosques de Torges, ele erguia-se do fundo da cova do Pessimismo, desembaraçava-se das suas casacas de Poole, *et ambulabat*, e começava a ser ditoso. Quando recolhi ao meu quarto, àquelas horas honestas que convêm ao campo e ao Optimismo, tomei entre as minhas a mão já firme do meu amigo, e pensando que ele enfim alcançara a verdadeira realeza, porque possuía a verdadeira liberdade, gritei-lhe os meus parabéns à maneira do moralista de Tíbure:

Vive et regna, fortunate Jacinthe!

Daí a pouco, através da porta aberta que nos separava, senti uma risada fresca, moça, genuína e consolada. Era Jacinto que lia o *D. Quixote*. Oh bem-aventurado Jacinto! Conservava o agudo poder de criticar, e recuperara o dom divino de rir!

Quatro anos vão passados. Jacinto ainda habita Torges. As paredes do seu solar continuam bem caiadas, mas nuas.

De Inverno enverga um gabão de briche e acende um braseiro. Para chamar o Grilo ou a moça, bate as mãos, como fazia Catão. Com os seus deliciosos vagares, já leu a *Ilíada*. Não faz a barba. Nos caminhos silvestres, pára e fala com as crianças. Todos os casais da serra o bendizem. Ouço que vai casar com uma forte, sã e bela rapariga de Goães. Decerto crescerá ali uma tribo, que será grata ao Senhor!

Como ele, recentemente, me mandou pedir livros da sua livraria (uma *Vida de Buda*, uma *História da Grécia* e as obras de S. Francisco de Sales) fui, depois destes quatro anos, ao Jasmineiro deserto. Cada passo meu sobre os fofos tapetes de Caramânia soou triste como num chão de mortos. Todos os brocados estavam engelhados, esgaçados. Pelas paredes pendiam, como olhos fora de órbitas, os botões eléctricos das campainhas e das luzes — e havia vagos fios de arame, soltos, enroscados, onde a aranha regalada e reinando tecera teias espessas. Na livraria, todo o vasto saber dos séculos jazia numa imensa mudez, debaixo duma imensa poeira. Sobre as lombadas dos sistemas filosóficos alvejava o bolor: vorazmente a traça devastara as Histórias Universais: errava ali um cheiro mole de literatura apodrecida — e eu abalei, com o lenço no nariz, certo de que naqueles vinte mil volumes não restava uma verdade viva! Quis lavar as mãos, maculadas pelo contacto com estes detritos de conhecimentos humanos. Mas os maravilhosos aparelhos do lavatório, da sala de banho, enferrujados, perros, dessoldados, não largaram uma gota de água; e, como chovia nessa tarde de Abril, tive de sair à varanda, pedir ao céu que me lavasse.

Ao descer, penetrei no gabinete de trabalho de Jacinto e tropecei num montão negro de ferragens, rodas, lâminas, campainhas, parafusos... Entreabri a janela, e reconheci o telefone, o teatrofone, o fonógrafo, outros aparelhos, tombados das suas peanhas, sórdidos, desfeitos sob a poeira dos anos. Empurrei com o pé este lixo do engenho humano. A máquina de escrever, escancarada, com os buracos negros marcando as letras desarraigadas, era como uma boca alvar e desdentada. O telefone parecia esborrachado, enrodilhado nas suas tripas de arame.

Na trompa do fonógrafo, torta, esbeiçada, para sempre muda, fervilhavam carochas. E ali jaziam, tão lamentáveis e grotescas, aquelas geniais invenções, que eu saí rindo, como duma enorme facécia, daquele supercivilizado palácio.

A chuva de Abril secara: os telhados remotos da cidade negrejavam sobre um poente de carmesim e ouro. E, através das ruas mais frescas, eu ia pensando que este nosso magnífico século XIX se assemelharia um dia àquele Jasmineiro abandonado, e que outros homens, com uma certeza mais pura do que é a Vida e a Felicidade, dariam como eu com o pé no lixo da supercivilização, e, como eu, ririam alegremente da grande ilusão que findara, inútil e coberta de ferrugem.

Aquela hora, decerto, Jacinto, na varanda em Torges, sem fonógrafo e sem telefone, reentrado na simplicidade, via, sob a paz lenta da tarde, ao tremeluzir da primeira estrela, a boiada recolher entre o canto dos boiadeiros.

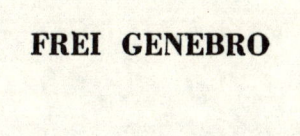

FREI GENEBRO

I

Nesse tempo ainda vivia, na sua solidão das montanhas da Úmbria, o divino Francisco de Assis — e já por toda a Itália se louvava a santidade de frei Genebro, seu amigo e seu discípulo.

Frei Genebro, na verdade, completara a perfeição em todas as virtudes evangélicas. Pela abundância e perpetuidade da oração, ele arrancava da sua alma as raízes mais miúdas do pecado, e tornava-a limpa e cândida como um desses celestes jardins em que o solo anda regado pelo Senhor, e onde só podem brotar açucenas. A sua penitência, durante vinte anos de claustro, fora tão dura e alta que já não temia o Tentador; e agora, só com o sacudir a manga do hábito, rechaçava as tentações, por mais pavorosas ou por mais deliciosas, como se fossem apenas moscas importunas. Benéfica e universal à maneira de um orvalho de Verão, a sua caridade não se derramava somente sobre as misérias do pobre, mas sobre as melancolias do rico. Na sua humilíssima humildade não se considerava nem o igual dum verme. Os bravios barões, cujas negras torres esmagavam a Itália, acolhiam reverentemente e curvando a cabeça este franciscano descalço e mal remendado que lhes ensinava a mansidão. Em Roma, em S. João de Latrão, o Papa Honório beijava as feridas de cadeias que lhe tinham ficado nos pulsos, do ano em que na Mourama, por amor dos escravos, padecera a escravidão. E como nessas idades os anjos ainda viajavam na Terra, com as asas escondidas, arrimados a um bordão, muitas vezes, trilhando uma velha estrada pagã ou atravessando uma selva, ele encontrava um moço de inefável formosura, que lhe sorria e murmurava:

— Bons dias, irmão Genebro!

Ora, um dia, indo este admirável mendicante de Espoleto para Terni, e avistando no azul e no sol da manhã, sobre uma colina coberta de carvalhos, as ruínas do castelo de Otofrid, pensou no seu amigo Egídio, antigo noviço como ele no Mosteiro de Santa Maria dos Anjos, que se retirara àquele ermo para se avizinhar mais de Deus, e ali habitava uma cabana de colmo, junto das muralhas derrocadas, cantando e regando as alfaces do seu horto, porque a sua virtude era amena. E como mais de três anos tinham passado desde que visitara o bom Egídio, largou a estrada, passou em baixo, no vale, sobre as alpondras, o riacho que fugia por entre os aloendros em flor, e começou a subir, lentamente, a colina frondosa. Depois da poeira e ardor do caminho de Espoleto, era doce a larga sombra dos castanheiros e a relva que lhe refrescava os pés doridos. A meia encosta, numa rocha onde se esguedelhavam silvados, sussurrava e luzia um fio de água. Estendido ao lado, nas ervas húmidas, dormia, ressonando consoladamente, um homem, que decerto por ali guardava porcos, porque vestia um grosso surrão de couro e trazia, pendurada da cinta, uma buzina de porqueiro. O bom frade bebeu de leve, afugentou os moscardos que zumbiam sobre a rude face adormecida e continuou a trepar a colina, com o seu alforge, o seu cajado, agradecendo ao Senhor aquela água, aquela sombra, aquela frescura, tantos bens inesperados. Em breve avistou, com efeito, o rebanho de porcos, espalhados sob as frondes, roncando e foçando as raízes, uns magros e agudos, de cerdas duras, outros redondos, com o focinho curto afogado em gordura, e os bacorinhos correndo em torno às tetas das mães, luzidios e cor-de-rosa.

Frei Genebro pensou nos lobos e lamentou o sono do pastor descuidado. No fim da mata começava a rocha, onde os restos do castelo lombardo se erguiam, revestidos de hera, conservando ainda alguma seteira esburacada sobre o céu, ou, numa esquina de torre, uma goteira que esticava o pescoço de dragão, espreitava por meio das silvas bravas.

A cabana do ermitão, telhada de colmo que lascas de pedra seguravam, apenas se percebia, entre aqueles escuros granitos, pela horta que em frente verdejava, com os seus talhões de couve e estacas de feijoal, entre alfazema cheirosa. Egídio não andaria afastado porque sobre o murozinho de pedra solta ficara pousado o seu cântaro, o seu podão e a sua enxada. E docemente, para o não importunar, se àquela hora de sesta estivesse recolhido e orando, frei Genebro empurrou a porta de pranchas velhas, que não tinha loquete para ser mais hospitaleira.

— Irmão Egídio!

Do fundo da choça rude, que mais parecia cova de bicho, veio um lento gemido:

— Quem me chama? Aqui neste canto, neste canto a morrer!... A morrer, meu irmão!

Frei Genebro acudiu em grande dó; encontrou o bom ermitão estirado num monte de folhas secas, encolhido em farrapos, e tão definhado que a sua face, outrora farta e rosada, era como um pedacinho de velho pergaminho muito enrugado, perdido entre os flocos das barbas brancas. Com infinita caridade e doçura o abraçou.

— E há quanto tempo, há quanto tempo neste abandono, irmão Egídio?

Louvado Deus, desde a véspera! Só na véspera, à tarde, depois de olhar uma derradeira vez para o Sol e para a sua horta, se viera estender naquele canto para acabar... Mas havia meses que com ele entrara um cansaço, que nem podia segurar a bilha cheia quando voltava da fonte.

— E dizei, irmão Egídio, pois que o Senhor me trouxe, que posso eu fazer pelo vosso corpo? Pelo corpo, digo; que pela alma bastante tendes vós feito na virtude desta solidão!

Gemendo, arrepanhando para o peito as folhas secas em que jazia, como se fossem dobras de um lençol, o pobre ermitão murmurou:

— Meu bom frei Genebro, não sei se é pecado, mas toda esta noite, em verdade vos confesso, me apeteceu comer um pedaço de carne, um pedaço de porco assado!... Mas será pecado?

Frei Genebro, com a sua imensa misericórdia, logo o tranquilizou. Pecado? Não, certamente! Aquele que, por tortura, recusa ao seu corpo um contentamento honesto, desagrada ao Senhor. Não ordenava Ele aos seus discípulos que comessem as boas coisas da Terra? O corpo é servo; e está na vontade divina que as suas forças sejam sustentadas, para que preste ao espírito, seu amo, bom e leal serviço. Quando frei Silvestre, já tão doentinho, sentira aquele longo desejo de uvas moscatéis, o bom Francisco de Assis logo o conduziu à vinha, e por suas mãos lhe apanhou os melhores cachos, depois de os abençoar para serem mais sumarentos e mais doces...

— É um pedaço de porco assado que apeteceis? — exclamava risonhamente o bom frei Genebro, acariciando as mãos transparentes do ermitão. — Pois sossegai, irmão querido, que bem sei como vos vou contentar!

E imediatamente, com os olhos a reluzir de caridade e de amor, agarrou o afiado podão, que pousava sobre o muro da horta. Arregaçando as mangas do hábito, e mais ligeiro que um gamo, porque era aquele um serviço do Senhor, correu pela colina, até aos densos castanheiros onde encontrara o rebanho de porcos. E aí, andando sorrateiramente de tronco para tronco, surpreendeu um bacorinho desgarrado que foçava a bolota, desabou sobre ele, e, enquanto lhe sufocava o focinho e os gritos, decepou, com dois golpes certeiros do podão, a perna por onde o agarrara. Depois, com as mãos salpicadas de sangue, a perna do porco bem alta a pingar sangue, deixando a rês a arquejar numa poça de sangue, o piedoso homem galgou a colina, correu à cabana, gritou para dentro alegremente:

— Irmão Egídio, a peça de carne já o Senhor a deu! E eu, em Santa Maria dos Anjos, era bom cozinheiro.

Na horta do ermitão arrancou uma estaca do feijoal, que, com o podão sangrento, aguçou em espeto. Entre duas pedras acendeu uma fogueira. Com zeloso carinho assou a perna do porco. Tanta era a sua caridade que para dar a Egídio todos os antegostos daquele banquete, raro em terra de mortificação, anunciava com vozes festivas e de boa promessa:

— Já vai alourando o porquinho, irmão Egídio! A pele já tosta, meu santo!

Entrou enfim na choça, triunfalmente, com o assado que fumegava e rescendia, cercado de frescas folhas de alface. Ternamente, ajudou a sentar o velho, que tremia e se babava de gula. Arredou das pobres faces maceradas os cabelos que o suor de fraqueza empastara. E, para que o bom Egídio se não vexasse com a sua voracidade e tão carnal apetite, ia afirmando, enquanto lhe partia as febras gordas, que também ele comeria regaladamente daquele excelente porco, se não tivesse almoçado à farta na locanda dos Três Caminhos.

— Mas nem bocado agora me podia entrar, meu irmão! Com uma galinha inteira me atochei! E depois uma fritada de ovos! E de vinho branco, um quartilho!

E o santo homem mentia santamente — porque, desde madrugada, não provara mais que um magro caldo de ervas, recebido por esmola à cancela de uma granja.

Farto, consolado, Egídio deu um suspiro, recaiu no seu leito de folha seca. Que bem lhe fizera, que bem lhe fizera! O Senhor, na sua justiça, pagasse a seu irmão Genebro aquele pedaço de porco! Até sentia a alma mais rija para a temerosa jornada ... E o ermitão com as mãos postas, Genebro ajoelhado, ambos louvaram ardentemente o Senhor, que a toda a necessidade solitária manda de longe o socorro.

Então, tendo coberto Egídio com um pedaço de manta e posto a seu lado a bilha cheia de água fresca, e tapado, contra as aragens da tarde, a fresta da cabana, frei Genebro, debruçado sobre ele, murmurou:

— Meu bom irmão, vós não podeis ficar neste abandono... Eu vou levado por obra de Jesus, que não admite tardança. Mas passarei no convento de Sambricena e darei recado para que um noviço venha e cuide de vós com amor, no vosso transe. Deus vos vele entretanto, meu irmão; Deus vos sossegue e vos ampare com a Sua mão direita!

Mas Egídio cerrara os olhos, nem se moveu, ou porque adormecera, ou porque o seu espírito, tendo pago aquele derradeiro salário ao corpo, como a um bom servidor, para sempre partira, finda a sua obra na Terra. Frei Genebro abençoou o velho, tomou o seu bordão, desceu a colina dos grandes carvalhos. Sob a fronde, para os lados onde andava o rebanho, a buzina do porqueiro ressoava agora num toque de alarme e de furor. Decerto acordara, descobrira o seu porco mutilado... Estugando o passo, frei Genebro pensava quanto era magnânimo o Senhor em permitir que o homem, feito à Sua imagem augusta, recebesse tão fácil consolação duma perna de cerdo assada entre duas pedras.

Retomou a estrada, marchou para Terni. E prodigiosa foi, desde esse dia, a actividade da sua virtude. Através de toda a Itália, sem descanso, pregou o Evangelho Eterno, adoçando a aspereza dos ricos, alargando a esperança dos pobres. O seu imenso amor ia ainda para além dos que sofrem, até àqueles que pecam, oferecendo um alívio a cada dor, estendendo um perdão a cada culpa: e com a mesma caridade com que tratava os leprosos, convertia os bandidos. Durante as invernias e a neve, vezes inumeráveis dava aos mendigos a sua túnica, as suas alpercatas; os abades dos mosteiros ricos, as damas devotas de novo o vestiam, para evitar o escândalo da sua nudez através das cidades; e sem demora, na primeira esquina, ante qualquer esfarrapado, ele se despojava sorrindo. Para remir servos que penavam sob um amo fero, penetrava nas igrejas, arrancava do altar os candelabros de prata, afirmando, jovialmente, que mais praz a Deus uma alma liberta que uma tocha acesa.

Cercado de viúvas, de crianças famintas, invadia as padarias, os açougues, até as tendas dos cambistas, e reclamava imperiosamente, em nome de Deus, a parte dos deserdados. Sofrer, sentir a humilhação, eram, para ele, as duas alegrias completas: nada o deliciava mais do que chegar de noite, molhado, esfaimado, tiritando, a uma opulenta abadia feudal, e ser repelido da portaria como um mau vagabundo: só então, agachado nos lodos do caminho, mastigando um punhado de ervas cruas, ele se reconhecia verdadeiramente irmão de Jesus, que não tivera também, como têm sequer os bichos do mato, um covil para se abrigar. Quando um dia, em Perusa, as confrarias saíram ao seu encontro, com bandeiras festivas, ao repique dos sinos, ele correu para um monte de esterco, onde se rolou e se sujou, para que daqueles que o vinham engrandecer só recebesse compaixão e escárnio. Nos claustros, nos descampados, em meio das multidões, durante as lides mais pesadas, orava constantemente, não por obrigação, mas porque na prece encontrava um deleite adorável. Deleite maior, porém, era, para o franciscano, ensinar e servir. Assim, longos anos errou entre os homens, vertendo o seu coração como a água de um rio, oferecendo os seus braços como alavancas incansáveis; e tão depressa numa ladeira deserta aliviava uma pobre velha da sua carga de lenha, como numa cidade revoltada, onde reluzissem armas, se adiantava, com o peito aberto, e amansava as discórdias.

Enfim, uma tarde, em véspera de Páscoa, estando a descansar nos degraus de Santa Maria dos Anjos, avistou de repente, no ar liso e branco, uma vasta mão luminosa que sobre ele se abria e faiscava. Pensativo, murmurou:

— Eis a mão de Deus, a Sua mão direita, que se estende para me acolher ou para me repelir.

Deu logo a um pobre que ali rezava a ave-maria, com a sua sacola nos joelhos, tudo o que no mundo lhe restava, que era um volume do Evangelho, muito usado e manchado das suas lágrimas. No domingo, na igreja, ao levantar da hóstia, desmaiou. Sentindo então que ia terminar a sua jornada terrestre, quis que o levassem para um curral, o deitassem sobre uma camada de cinzas.

Em santa obediência ao guardião do convento, consentiu que o limpassem dos seus trapos, lhe vestissem um hábito novo: mas, com os olhos alagados de ternura, implorou que o enterrassem num sepulcro emprestado como fora o de Jesus, seu senhor.

E, suspirando, só se queixava de não sofrer.

— O Senhor, que tanto padeceu, porque me não manda a mim o padecimento bendito?

De madrugada pediu que abrissem, bem largo, o portão do curral.

Contemplou o céu que clareava, escutou as andorinhas que, na frescura e silêncio, começavam a cantar sobre o beiral do telhado, e, sorrindo, recordou uma manhã, assim de silêncio e frescura, em que, andando com Francisco de Assis à beira do lago de Perusa, o mestre incomparável se detivera ante uma árvore cheia de pássaros, e, fraternalmente, lhes recomendara que louvassem sempre o Senhor! «Meus irmãos, meus irmãos passarinhos, cantai bem o vosso Criador, que vos deu essa árvore para que nela habiteis, e toda esta limpa água para nela beber, e essas penas bem quentes para vos agasalharem, a vós e aos vossos filhinhos!» Depois, beijando humildemente a manga do monge que o amparava, frei Genebro morreu.

II

Logo que ele cerrou os seus olhos carnais, um grande anjo penetrou diafanamente no curral e tomou nos braços a alma de frei Genebro. Durante um momento, na fina luz da madrugada, deslizou por sobre o prado fronteiro tão levemente que nem roçava as pontas orvalhadas da relva alta. Depois, abrindo as asas, radiantes e níveas, transpôs, num voo sereno, as nuvens, os astros, todo o céu que os homens conhecem.

Aninhada nos seus braços, como na doçura de um berço, a alma de Genebro conservava a forma do corpo que sobre a terra ficara; o hábito franciscano ainda a cobria, com um resto de poeira e de cinza nas pregas rudes; e, com um olhar novo que, agora, tudo trespassava e tudo compreendia, ela contemplava, num deslumbramento, aquela região em que o anjo parara, para além dos universos transitórios e de todos os rumores siderais. Era um espaço sem limite, sem contorno e sem cor. Por cima começava uma claridade, subindo espalhada à maneira duma aurora, cada vez mais branca, e mais luzente, e mais radiante, até que resplandecia num fulgor tão sublime que nela um sol coruscante seria como uma nódoa pardacenta. E por baixo estendia-se uma sombra cada vez mais baça, mais fusca, mais cinzenta, até que formava como um espesso crepúsculo de parada, insondável tristeza. Entre essa refulgência ascendente e a escuridão inferior, permanecera o anjo imóvel, esperando, com as asas fechadas. E a alma de Genebro perfeitamente sentia que estava ali, esperando também, entre o Purgatório e o Paraíso. Então, subitamente, nas alturas, apareceram os dois imensos pratos duma balança — um que rebrilhava como diamante e era reservado às suas Boas Obras, outro, negrejando mais que carvão, para receber o peso das suas Obras Más. Entre os braços do anjo, a alma de Genebro estremeceu ... Mas o prato diamantino começou a descer lentamente. Oh! contentamento e glória! Carregado com as suas Boas Obras, ele descia, calmo e majestoso, espargindo claridade. Tão pesado vinha, que as suas grossas cordas se retesavam, rangiam. E entre elas, formando como uma montanha de neve, alvejavam magnificamente as suas virtudes evangélicas. Lá estavam as incontáveis esmolas que semeara no mundo, agora desabrochadas em alvas flores, cheias de aroma e de luz.

A sua humildade era um cimo, aureolado por um clarão. Cada uma das suas penitências cintilava mais limpidamente que cristais puríssimos. E a sua oração perene subia e enrolava-se em torno das cordas, à maneira duma deslumbrante névoa de ouro.

Sereno, tendo a majestade de um astro, o prato das Boas Obras parou, finalmente, com a sua carga preciosa. O outro, lá em cima, não se movia também, negro, da cor do carvão, inútil, esquecido, vazio. Já das profundidades sonoros bándos de serafins voavam, balançando palmas verdes. O pobre franciscano ia entrar triunfantemente no Paraíso — e aquela era a milícia divina que o acompanharia cantando. Um frémito de alegria passou na luz do Paraíso, que um santo novo enriquecia. E a alma de Genebro anteprovou as delícias da Bem-Aventurança.

Subitamente, porém, no alto, o prato negro oscilou como a um peso inesperado que sobre ele caísse! E começou a descer, duro, temeroso, fazendo uma sombra dolente através da celestial claridade. Que Má Acção de Genebro trazia ele, tão miúda que nem se avistava, tão pesada que forçava o prato luminoso a subir, remontar ligeiramente, como se a montanha de Boas Acções que nele transbordavam fossem um fumo mentiroso? Oh! mágoa! Oh! desesperança! Os serafins recuavam, com as asas trementes. Na alma de frei Genebro correu um arrepio imenso de terror. O negro prato descia, firme, inexorável, com as cordas retesas. E na região que se cavava sob os pés do anjo, cinzenta, de inconsolável tristeza, uma massa de sombra, molemente e sem rumor, arfou, cresceu, rolou, como a onda duma maré devoradora.

O prato, mais triste que a noite, parara — parara em pavoroso equilíbrio com o prato que rebrilhava. E os serafins, Genebro, o anjo que o trouxera, descobriram, no fundo daquele prato, que inutilizava um santo, um porco, um pobre porquinho com uma perna barbaramente cortada, arquejando, a morrer, numa poça de sangue... O animal mutilado pesava tanto na balança da justiça como a montanha luminosa de virtudes perfeitas.

Então, das alturas, surgiu uma vasta mão, abrindo os dedos que faiscavam. Era a mão de Deus, a Sua mão direita, que aparecera a Genebro na escada de Santa Maria dos Anjos, e que, agora, supremamente se estendia para o acolher ou para o repelir. Toda a luz e toda a sombra, desde o Paraíso fulgente ao Purgatório crepuscular, se contraíram num recolhimento de inexprimível amor e terror. E na extática mudez, a vasta mão, através das alturas, lançou um gesto que repelia...

Então o anjo, baixando a face compadecida, alargou os braços e deixou cair, na escuridão do Purgatório, a alma de frei Genebro.

A AIA

Era uma vez um rei, moço e valente, senhor de um reino abundante em cidades e searas, que partira a batalhar por terras distantes, deixando solitária e triste a sua rainha e um filhinho, que ainda vivia no seu berço, dentro das suas faixas.

A Lua cheia que o vira marchar, levado no seu sonho de conquista e de fama, começava a minguar — quando um dos seus cavaleiros apareceu, com as armas rotas, negro do sangue seco e do pó dos caminhos, trazendo a amarga nova de uma batalha perdida e da morte do rei, trespassado por sete lanças entre a flor da sua nobreza, à beira de um grande rio.

A rainha chorou magnificamente o rei. Chorou ainda desoladamente o esposo, que era formoso e alegre. Mas, sobretudo, chora ansiosamente o pai que assim deixava o filhinho desamparado, no meio de tantos inimigos da sua frágil vida e do reino que seria seu, sem um braço que o defendesse, forte pela força e forte pelo amor.

Desses inimigos o mais temeroso era seu tio, irmão bastardo do rei, homem depravado e bravio, consumido de cobiças grosseiras, desejando só a realeza por causa dos seus tesouros, e que havia anos vivia num castelo sobre os montes, com uma horda de rebeldes, à maneira de um lobo que, entre a sua atalaia, espera a presa. Ai! a presa agora era aquela criancinha, rei de mama, senhor de tantas províncias, e que dormia no seu berço com o seu guizo de ouro fechado na mão!

Ao lado dele, outro menino dormia noutro berço. Mas este era um escravozinho, filho da bela e robusta escrava que amamentava o príncipe. Ambos tinham nascido na mesma noite de Verão. O mesmo seio os criava. Quando a rainha, antes de adormecer, vinha beijar o principezinho, que tinha o cabelo louro e fino, beijava também por amor dele o escravozinho, que tinha o cabelo negro e crespo. Os olhos de ambos reluziam como pedras preciosas. Somente o berço de um era magnífico e de marfim entre brocados — e o berço do outro pobre e de verga. A leal escrava, porém, a ambos cercava de carinho igual, porque se um era o seu filho — o outro seria o seu rei.

Nascida naquela casa real, ela tinha a paixão, a religião dos seus senhores. Nenhum pranto correra mais sentidamente do que o seu pelo rei morto à beira do grande rio. Pertencia, porém, a uma raça que acredita que a vida da Terra se continua no Céu. O rei seu amo, decerto, já estaria agora reinando num outro reino, para além das nuvens, abundante também em searas e cidades. O seu cavalo de batalha, as suas armas, os seus pajens tinham subido com ele às alturas. Os seus vassalos, que fossem morrendo, prontamente iriam nesse reino celeste retomar em torno dele a sua vassalagem. E ela um dia, por seu turno, remontaria num raio de luz a habitar o palácio do seu senhor, e a fiar de novo o linho das suas túnicas, e a acender de novo a caçoleta dos seus perfumes; seria no Céu como fora na Terra, e feliz na sua servidão.

Todavia também ela tremia pelo seu principezinho! Quantas vezes, com ele pendurado do peito, pensava na sua fragilidade, na sua longa infância, nos anos lentos que correriam antes que ele fosse ao menos do tamanho de uma espada, e naquele tio cruel, de face mais escura que a noite e coração mais escuro que a face, faminto do trono, e espreitando de cima do seu rochedo entre os alfanges da sua horda! Pobre principezinho de sua alma! Com uma ternura maior o apertava então nos braços. Mas se o seu filho chalrava ao lado — era para ele que os seus braços corriam com um ardor mais feliz. Esse, na sua indigência, nada tinha a recear da vida. Desgraças, assaltos da sorte má nunca o poderiam deixar mais despido das glórias e bens do mundo do que já estava ali no seu berço, sob o pedaço de linho branco que resguardava a sua nudez. A existência, na verdade, era para ele mais preciosa e digna de ser conservada que a do seu príncipe, porque nenhum dos duros cuidados com que ela enegrece a alma dos senhores roçaria sequer a sua alma livre e simples de escravo. E, como se o amasse mais por aquela humildade ditosa, cobria o seu corpinho gordo de beijos pesados e devoradores — dos beijos que ela fazia ligeiros sobre as mãos do seu príncipe.

No entanto um grande temor enchia o palácio, onde agora reinava uma mulher entre mulheres. O bastardo, o homem de rapina que errava no cimo das serras, descera à planície com a sua horda, e já através de casais e aldeias felizes ia deixando um sulco de matança e ruínas. As portas da cidade tinham sido seguras com cadeias mais fortes. Nas atalaias ardiam lumes mais altos. Mas à defesa faltava disciplina viril. Uma roca não governa como uma espada. Toda a nobreza fiel perecera na grande batalha. E a rainha desventurosa apenas sabia correr a cada instante ao berço do seu filhinho e chorar sobre ele a sua fraqueza de viúva. Só a ama leal parecia segura — como se os braços em que estreitava o seu príncipe fossem muralhas de uma cidadela que nenhuma audácia pode transpor.

Ora uma noite, noite de silêncio e de escuridão, indo ela a adormecer, já despida, no seu catre, entre os seus dois meninos, adivinhou, mais que sentiu, um curto rumor de ferro e de briga, longe, à entrada dos vergéis reais. Embrulhada à pressa num pano, atirando os cabelos para trás, escutou ansiosamente. Na terra areada, entre os jasmineiros, corriam passos pesados e rudes. Depois houve um gemido, um corpo tombando molemente, sobre lajes, como um fardo. Descerrou violentamente a cortina. E além, ao fundo da galeria, avistou homens, um clarão de lanternas, brilhos de armas...

Num relance tudo compreendeu — o palácio surpreendido, o bastardo cruel vindo roubar, matar o seu príncipe! Então, rapidamente, sem uma vacilação, uma dúvida, arrebatou o príncipe do seu berço de marfim, atirou-o para o pobre berço de verga — e tirando o seu filho do berço servil, entre beijos desesperados, deitou-o no berço real, que cobriu com um brocado.

Bruscamente um homem enorme, de face flamejante, com um manto negro sobre a cota de malha, surgiu à porta da câmara, entre outros, que erguiam lanternas. Olhou — correu ao berço de marfim onde os brocados luziam, arrancou a criança, como se arranca uma bolsa de ouro, e abafando os seus gritos no manto, abalou furiosamente.

O príncipe dormia no seu novo berço. A ama ficara imóvel no silêncio e na treva.

Mas brados de alarme de repente atroaram o palácio. Pelas vidraças perpassou o longo flamejar das tochas. Os pátios ressoavam com o bater das armas. E desgrenhada, quase nua, a rainha invadiu a câmara, entre as aias, gritando pelo seu filho. Ao avistar o berço de marfim, com as roupas desmanchadas, vazio, caiu sobre as lajes, num choro, despedaçada. Então calada, muito lenta, muito pálida, a ama descobriu o pobre berço de verga... O príncipe lá estava, quieto, adormecido, num sonho que o fazia sorrir, lhe iluminava toda a face entre os seus cabelos de ouro. A mãe caiu sobre o berço, com um suspiro, como cai um corpo morto.

E nesse instante um novo clamor abalou a galeria de mármore. Era o capitão das guardas, a sua gente fiel. Nos seus clamores havia, porém, mais tristeza que triunfo. O bastardo morrera! Colhido, ao fugir, entre o palácio e a cidadela, esmagado pela forte legião de archeiros, sucumbira, ele e vinte da sua horda. O seu corpo lá ficara, com flechas no flanco, numa poça de sangue. Mas ai! dor sem nome! O corpozinho tenro do príncipe lá ficara também, envolto num manto, já frio, roxo ainda das mãos ferozes que o tinham esganado!... Assim tumultuosamente lançavam a nova cruel os homens de armas

142

— quando a rainha, deslumbrada, com lágrimas entre risos, ergueu nos braços, para lho mostrar, o príncipe que despertara.

Foi um espanto, uma aclamação. Quem o salvara? Quem?... Lá estava junto do berço de marfim vazio, muda e hirta, aquela que o salvara! Serva sublimemente leal! Fora ela que, para conservar a vida ao seu príncipe, mandara à morte o seu filho... Então, só então, a mãe ditosa, emergindo da sua alegria extática, abraçou apaixonadamente a mãe dolorosa, e a beijou, e lhe chamou irmã do seu coração... E de entre aquela multidão que se apertava na galeria veio uma nova, ardente aclamação, com súplicas de que fosse recompensada, magnificamente, a serva admirável que salvara o rei e o reino.

Mas como? Que bolsas de ouro podem pagar um filho? Então um velho de casta nobre lembrou que ela fosse levada ao tesouro real, e escolhesse de entre essas riquezas, que eram as maiores da Índia, todas as que o seu desejo apetecesse...

A rainha tomou a mão da serva. E sem que a sua face de mármore perdesse a rigidez, com um andar de morta, como num sonho, ela foi assim conduzida para a câmara dos tesouros. Senhores, aias, homens de armas, seguiam num respeito tão comovido que apenas se ouvia o roçar das sandálias nas lajes. As espessas portas do tesouro rolaram lentamente. E, quando um servo destrancou as janelas, a luz da madrugada, já clara e rósea, entrando pelos gradeamentos de ferro, acendeu um maravilhoso e faiscante incêndio de ouro e pedrarias! Do chão de rocha até às sombrias abóbadas, por toda a câmara, reluziam, cintilavam, refulgiam os escudos de ouro, as armas marchetadas, os montões de diamantes, as pilhas de moedas, os longos fios de pérolas, todas as riquezas daquele reino, acumuladas por cem reis durante vinte séculos. Um longo «Ah!», lento e maravilhado, passou por sobre a turba que emudecera. Depois houve um silêncio, ansioso. E no meio da câmara, envolta na refulgência preciosa, a ama não se movia... Apenas os seus olhos, brilhantes e secos, se tinham erguido para aquele céu que, além das grades, se tingia de rosa e de ouro. Era lá, nesse céu fresco de madrugada, que estava agora o seu menino. Estava lá, e já o Sol se erguia, e era tarde, e o seu menino chorava decerto, e procurava o seu peito!... Então a ama sorriu e estendeu a mão. Todos seguiam, sem respirar, aquele lento mover da sua mão aberta. Que jóia maravilhosa, que fio de diamantes, que punhado de rubis, ia ela escolher?

A ama estendia a mão — e sobre um escabelo ao lado, entre um molho de armas, agarrou um punhal. Era um punhal de um velho rei todo cravejado de esmeraldas, e que valia uma província.

Agarrara o punhal, e com ele apertado fortemente na mão, apontando para o céu, onde subiam os primeiros raios do Sol, encarou a rainha, a multidão, e gritou:

— Salvei o meu príncipe, e agora vou dar de mamar ao meu filho!

E cravou o punhal no coração.

JOSÉ MATIAS

Linda tarde, meu amigo!... Estou esperando o enterro do José Matias — do José Matias de Albuquerque, sobrinho do visconde de Garmilde... O meu amigo certamente o conheceu — um rapaz airoso, louro como uma espiga, com um bigode crespo de paladino sobre uma boca indecisa de contemplativo, destro cavaleiro, duma elegância sóbria e fina. E espírito curioso, muito afeiçoado às ideias gerais, tão penetrante que compreendeu a minha «Defesa da Filosofia Hegeliana»! Esta imagem do José Matias data de 1865: porque a derradeira vez que o encontrei, numa tarde agreste de Janeiro, metido num portal da Rua de S. Bento, tiritava dentro duma quinzena cor de mel, roída nos cotovelos, e cheirava abominavelmente a aguardente.

Mas o meu amigo, numa ocasião que o José Matias parou em Coimbra, recolhendo do Porto, ceou com ele, no Paço do Conde! Até o Craveiro, que preparava as «Ironias e Dores de Satã», para acirrar mais a briga entre a Escola Purista e a Escola Satânica, recitou aquele seu soneto, de tão fúnebre idealismo: «Na jaula do meu peito, o coração...» E ainda lembro o José Matias, com uma grande gravata de cetim preto, tufada entre o colete de linho branco, sem despegar os olhos das velas das serpentinas, sorrindo palidamente àquele coração que rugia na sua jaula... Era uma noite de Abril, de lua cheia. Passeámos depois em bando, com guitarras, pela ponte e pelo Choupal. O Januário cantou ardentemente as endechas românticas do nosso tempo:

> *Ontem de tarde, ao sol-posto,*
> *Contemplavas, silenciosa,*
> *A torrente caudalosa*
> *Que refervia a teus pés...*

E o José Matias, encostado ao parapeito da ponte, com a alma e os olhos perdidos na Lua! — Porque não acompanha o meu amigo este moço interessante ao Cemitério dos Prazeres? Eu tenho uma tipóia, de praça e com número, como convém a um professor de Filosofia... O quê! Por causa das calças claras! Oh meu caro amigo! De todas as materializações da simpatia, nenhuma mais grosseiramente material do que a casimira preta. E o homem que nós vamos enterrar era um grande espiritualista!

Vem o caixão saindo da igreja... Apenas três carruagens para o acompanhar. Mas realmente, meu caro amigo, o José Matias morreu há seis anos, no seu puro brilho. Esse, que aí levamos, meio decomposto, dentro de tábuas, agaloadas de amarelo, é um resto de bêbedo, sem história e sem nome, que o frio de Fevereiro matou no vão dum portal.

O sujeito de óculos de ouro, dentro do *coupé?*... Não conheço, meu amigo. Talvez um parente rico, desses que aparecem nos enterros, com o parentesco correctamente coberto de fumo, quando o defunto já não importuna, nem compromete. O homem obeso de carão amarelo, dentro da vitória, é o Alves «Capão», que tem um jornal onde desgraçadamente a filosofia não abunda, e que se chama a *Piada*. Que relação o prendia ao Matias?... Não sei. Talvez se embebedassem nas mesmas tascas; talvez o José Matias ultimamente colaborasse na *Piada;* talvez debaixo daquela gordura e daquela literatura, ambas tão sórdidas, se abrigue uma alma compassiva. Agora é a nossa tipóia... Quer que desça a vidraça? Um cigarro?... Eu trago fósforos. Pois este José Matias foi um homem desconsolador para quem, como eu, na vida ama a evolução lógica e pretende que a espiga nasça coerentemente do grão. Em Coimbra sempre o considerámos como uma alma escandalosamente banal. Para este juízo concorria talvez a sua horrenda correcção. Nunca um rasgão brilhante na batina! Nunca uma poeira estouvada nos sapatos! Nunca um pêlo rebelde do cabelo ou do bigode fugido daquele rígido alinho que nos desolava! Além disso, na nossa ardente geração, ele foi o único intelectual que não rugiu com as misérias da Polónia; que leu sem palidez ou pranto as *Contemplações;* que permaneceu insensível ante a ferida de Garibaldi! E todavia, nesse José Matias, nenhuma secura ou dureza ou egoísmo ou desafabilidade! Pelo contrário! Um suave camarada, sempre cordial, e mansamente risonho. Toda a sua inabalável quietação parecia provir duma imensa superficialidade sentimental. E, nesse tempo, não foi sem razão e propriedade que nós alcunhámos aquele moço tão macio, tão louro e tão ligeiro, de «Matias Coração de Esquilo». Quando se formou, como lhe morrera o pai, depois a mãe, delicada e linda senhora de quem herdara cinquenta contos, partiu para Lisboa, alegrar a solidão dum tio que o adorava, o general visconde de Garmilde. O meu amigo sem dúvida se lembra dessa perfeita estampa de general clássico, sempre de bigodes terrificamente encerados, as calças cor de flor de alecrim desesperadamente esticadas pelas presilhas sobre as botas coruscantes, e o chicote debaixo do braço com a ponta a tremer, ávida de vergastar o mundo! Guerreiro grotesco e deliciosamente bom... O Garmilde morava então em Arroios, numa casa antiga de azulejos, com um jardim, onde ele cultivava apaixonadamente canteiros soberbos de dálias. Esse jardim subia muito suavemente até ao muro coberto de hera que o separava de outro jardim, o largo e belo jardim de rosas do conselheiro Matos Miranda, cuja casa, com um arejado terraço entre dois torreõezinhos amarelos, se erguia no cimo do outeiro e se chamava a Casa da Parreira. O meu amigo conhece (pelo menos de tradição, como se conhece Helena de

Tróia ou Inês de Castro) a formosa Elisa Miranda, a Elisa
da Parreira... Foi a sublime beleza romântica de Lisboa,
nos fins da Regeneração. Mas realmente Lisboa apenas
a entrevia pelos vidros da sua grande caleche, ou nalguma
noite de iluminação do Passeio Público entre a poeira
e a turba, ou nos dois bailes da Assembleia do Carmo,
de que o Matos Miranda era um director venerado. Por
gosto borralheiro de provinciana, ou por pertencer àquela
burguesia séria que nesses tempos, em Lisboa, ainda conservava os antigos hábitos severamente encerrados; ou
por imposição paternal do marido, já diabético e com
sessenta anos — a deusa raramente emergia de Arroios
e se mostrava aos mortais. Mas quem a viu, e com facilidade constante, quase irremediavelmente, logo que se
instalou em Lisboa, foi o José Matias — porque, jazendo
o palacete do general na falda da colina, aos pés do
jardim e da Casa da Parreira, não podia a divina Elisa
assomar a uma janela, atravessar o terraço, colher uma
rosa entre as ruas de buxo, sem ser deliciosamente visível,
tanto mais que nos dois jardins assoalhados nenhuma
árvore espalhava a cortina da sua rama densa. O meu
amigo decerto trauteou, como todos trauteámos, aqueles
versos gastos, mas imortais:

> *Era no Outono, quando a imagem tua*
> *À luz da Lua...*

Pois, como nessa estrofe, o pobre José Matias, ao
regressar da praia da Ericeira em Outubro, no Outono,
avistou Elisa Miranda, uma noite no terraço, à luz da
Lua! O meu amigo nunca contemplou aquele precioso tipo
de encanto lamartiniano. Alta, esbelta, ondulosa, digna
da comparação bíblica da palmeira ao vento. Cabelos
negros, lustrosos e ricos, em bandós ondeados. Uma
carnação de camélia muito fresca. Olhos negros, líquidos,
quebrados, tristes, de longas pestanas... Ah! meu amigo,
até eu, que já então laboriosamente anotava Hegel, depois
de a encontrar numa tarde de chuva esperando a car-
ruagem à porta do Seixas, a adorei durante três exaltados

dias e lhe rimei um soneto! Não sei se o José Matias lhe dedicou sonetos. Mas todos nós, seus amigos, percebemos logo o forte, profundo, absoluto amor que concebera, desde a noite de Outono, à luz da Lua, aquele coração, que em Coimbra considerávamos de «esquilo»!

Bem compreende que homem tão comedido e quieto não se exalou em suspiros públicos. Já no tempo, porém, de Aristóteles, se afirmava que amor e fumo não se escondem; e do nosso cerrado José Matias o amor começou logo a escapar, como o fumo leve através das fendas invisíveis duma casa fechada que arde terrivelmente. Bem me recordo duma tarde que o visitei em Arroios, depois de voltar do Alentejo. Era um domingo de Julho. Ele ia jantar com uma tia-avó, uma D. Mafalda Noronha, que vivia em Benfica, na Quinta dos Cedros, onde habitualmente jantavam também aos domingos o Matos Miranda e a divina Elisa. Creio mesmo que só nessa casa ela e o José Matias se encontravam, sobretudo com as facilidades que oferecem pensativas alamedas e retiros de sombra. As janelas do quarto do José Matias abriam sobre o seu jardim e sobre o jardim dos Mirandas: e, quando entrei, ele ainda se vestia, lentamente. Nunca admirei, meu amigo, face humana aureolada por felicidade mais segura e serena! Sorria iluminadamente quando me abraçou, com um sorriso que vinha das profundidades da alma iluminada; sorria ainda deliciadamente enquanto eu lhe contei todos os meus desgostos no Alentejo; sorriu depois extaticamente, aludindo ao calor e enrolando um cigarro distraído; e sorriu sempre, enlevado, a escolher na gaveta da cómoda, com escrúpulo religioso, uma gravata de seda branca. E a cada momento, irresistivelmente, por um hábito já tão inconsciente como o pestanejar, os seus olhos risonhos, calmamente enternecidos, se voltavam para as vidraças fechadas... De sorte que, acompanhando aquele raio ditoso, logo descobri, no terraço da Casa da Parreira, a divina Elisa, vestida de claro, com um chapéu branco, passeando preguiçosamente, calçando pensativamente as luvas, e espreitando também as janelas do meu amigo, que um lampejo oblíquo de sol ofuscava de manchas de ouro. O José Matias no entanto conversava, antes murmurava, através do sorriso perene, coisas afáveis e dispersas. Toda a sua atenção se concentrara diante do espelho, no alfinete de coral e pérola para prender a gravata, no colete branco que abotoava e ajustava com a devoção com que um padre novo, na exaltação cândida da primeira missa, se reveste da estola e do amicto, para se acercar do altar. Nunca eu vira um homem deitar, com tão profundo êxtase, água-de-colónia no lenço! E depois de enfiar a sobrecasaca, de lhe espetar uma soberba rosa, foi com inefável emoção, sem reter um delicioso suspiro, que abriu largamente, solenemente, as vidraças! *Introibo ad altarem Deae!* Eu permaneci discretamente enterrado no sofá. E, meu caro amigo, acredite!, invejei aquele homem à janela, imóvel, hirto na sua adoração sublime, com os olhos, e a alma, e todo o ser cravados no terraço, na branca mulher calçando as luvas claras, e tão indiferente ao mundo como se o mundo fosse apenas o ladrilho que ela pisava e cobria com os pés!

E este enlevo, meu amigo, durou dez anos, assim esplêndido, puro, distante e imaterial! Não ria... Decerto se encontravam na quinta de D. Mafalda: decerto se escreviam, e transbordantemente, atirando as cartas por cima do muro que separava os dois quintais: mas nunca, por cima das heras desse muro, procuraram a rara delícia duma conversa roubada ou a delícia ainda mais perfeita dum silêncio escondido na sombra. E nunca trocaram um beijo... Não duvide! Algum aperto de mão fugidio e sôfrego, sob os arvoredos de D. Mafalda, foi o limite exaltadamente extremo que a vontade lhes marcou ao desejo. O meu amigo não compreende como se mantiveram assim dois frágeis corpos, durante dez anos, em tão terrível e mórbido renunciamento... Sim, decerto lhes faltou, para se perderem, uma hora de segurança ou uma portinha no muro. Depois a divina Elisa vivia realmente num mosteiro, em que ferrolhos e grades eram formados pelos hábitos rigidamente reclusos do Matos Miranda, diabético e tristonho. Mas, na castidade deste amor, entrou muita nobreza moral e finura superior de sentimento. O amor espiritualiza o homem — e materializa a mulher. Essa espiritualização era fácil ao José Matias, que (sem nós desconfiarmos) nascera desvairadamente espiritualista; mas a humana Elisa encontrou também um gozo delicado nessa ideal adoração de monge, que nem ousa roçar, com os dedos trémulos e embrulhados no rosário, a túnica da Virgem sublimada. Ele, sim, ele gozou nesse amor transcendentemente desmaterializado um encanto sobre-humano. E durante dez anos, como o Rui Blas do velho Hugo, caminhou, vivo e deslumbrado, dentro do seu sonho radiante, sonho em que Elisa habitou realmente dentro da sua alma, numa fusão tão absoluta que se tornou consubstancial com o seu ser! Acreditará o meu amigo que ele abandonou o charuto, mesmo passeando solitariamente a cavalo pelos arredores de Lisboa, logo que descobrira na quinta de D. Mafalda, uma tarde, que o fumo perturbava Elisa?

E esta presença real da divina criatura no seu ser criou modos novos, no José Matias estranhos, derivando da alucinação. Como o visconde de Garmilde jantava cedo, à hora vernácula do Portugal antigo, José Matias ceava, depois da ópera, naquele delicioso e saudoso Café Central, onde o linguado parecia frito no Céu, e o Colares no Céu engarrafado. Pois nunca ceava sem serpentinas profusamente acesas e a mesa juncada de flores. Porquê? Porque Elisa também ali ceava, invisível. Daí esses silêncios banhados num sorriso religiosamente atento ... Porquê? Porque a estava sempre escutando! Ainda me lembro de ele arrancar do quarto três gravuras clássicas de faunos ousados e ninfas rendidas ... Elisa pairava idealmente naquele ambiente; e ele purificava as paredes, que mandou forrar de sedas claras. O amor arrasta ao luxo, sobretudo amor de tão elegante idealismo: e o José Matias prodigalizou com esplendor o luxo que ela partilhava. Decentemente não podia andar com a imagem de Elisa numa tipóia de praça, nem consentir que a augusta imagem roçasse pelas cadeiras de palhinha da plateia de S. Carlos. Montou, portanto, carruagens dum gosto sóbrio e puro, e assinou um camarote na Ópera, onde instalou, para ela, uma poltrona pontifical, de cetim branco, bordado a estrelas de ouro.

Além disso, como descobrira a generosidade de Elisa, logo se tornou congénere e sumptuosamente generoso: e ninguém existiu então em Lisboa que espalhasse, com facilidade mais risonha, notas de cem mil réis. Assim desbaratou, rapidamente, sessenta contos com o amor daquela mulher a quem nunca dera uma flor!

E, durante esse tempo, o Matos Miranda? Meu amigo, o bom Matos Miranda não desmanchava nem a perfeição, nem a quietação desta felicidade! Tão absoluto seria o espiritualismo do José Matias, que apenas se interessasse pela alma de Elisa, indiferente às submissões do seu corpo, invólucro inferior e mortal?... Não sei. Verdade seja, aquele digno diabético, tão grave, sempre de *cache-nez* de lã escura, com as suas suíças grisalhas, os seus ponderosos óculos de ouro, não sugeria ideias inquietadoras de marido ardente, cujo ardor, fatalmente e involuntariamente, se partilha e abrasa. Todavia nunca compreendi, eu, filósofo, aquela consideração, quase carinhosa, do José Matias pelo homem que, mesmo desinteressadamente, podia por direito, por costume, contemplar Elisa desapertando as fitas da saia branca!... Haveria ali reconhecimento por o Miranda ter descoberto numa remota rua de Setúbal (onde José Matias nunca a descortinaria) aquela divina mulher, e por a manter em conforto, solidamente nutrida, finamente vestida, transportada em caleches de macias molas? Ou recebera o José Matias aquela costumada confidência — «não sou tua, nem dele» — que tanto consola do sacrifício porque tanto lisonjeia o egoísmo?... Não sei. Mas com certeza este seu magnânimo desdém pela presença corporal do Miranda no templo onde habitava a sua deusa dava à felicidade de José Matias uma unidade perfeita, a unidade dum cristal que por todos os lados rebrilha, igualmente puro, sem arranhadura ou mancha. E esta felicidade, meu amigo, durou dez anos... Que escandaloso luxo para um mortal!

Mas um dia, a terra, para o José Matias, tremeu toda, num terramoto de incomparável espanto. Em Janeiro ou Fevereiro de 1871, o Miranda, já debilitado pela diabetes, morreu com uma pneumonia. Por estas mesmas ruas, numa pachorrenta tipóia de praça, acompanhei o seu enterro numeroso, rico, com ministros, porque o Miranda pertencia às Instituições. E depois, aproveitando a tipóia, visitei o José Matias em Arroios, não por curiosidade perversa, nem para lhe levar felicitações indecentes, mas para que, naquele lance deslumbrador, ele sentisse ao lado a força moderadora da filosofia... Encontrei porém com ele um amigo mais antigo e confidencial, aquele brilhante Nicolau da Barca, que já conduzi também a este cemitério, onde agora jazem, debaixo de lápides, todos aqueles camaradas com quem levantei castelos nas nuvens... O Nicolau chegara da Velosa, da sua quinta de Santarém, de madrugada, reclamado por um telegrama do Matias. Quando entrei, um criado atarefado arranjava duas malas enormes. O José Matias abalava nessa noite para o Porto. Já envergara mesmo um fato de viagem, todo negro, com sapatos de couro amarelo: e depois de me sacudir a mão, enquanto o Nicolau remexia um grogue, continuou vagando pelo quarto, calado, como embaçado, com um modo que não era emoção, nem alegria pudicamente disfarçada, nem surpresa do seu destino bruscamente sublimado. Não! Se o bom Darwin não nos ilude no seu livro da *Expressão das Emoções*, o José Matias, nessa tarde, só sentia e só exprimia embaraço! Em frente, na Casa da Parreira, todas as janelas permaneciam fechadas sob a tristeza da tarde cinzenta. E, todavia, surpreendi o José Matias atirando para o terraço, rapidamente, um olhar em que transparecia inquietação, ansiedade, quase terror! Como direi? Aquele é o olhar que se resvala para a jaula mal segura onde se agita uma leoa! Num momento em que ele entrara na alcova, murmurei ao Nicolau, por cima do grogue:
— O Matias faz perfeitamente em ir para o Porto... — Nicolau encolheu os ombros: — Sim, pensou que era mais delicado... Eu aprovei. Mas só durante os meses

de luto pesado ... — Às sete horas acompanhámos o nosso amigo à Estação de Santa Apolónia. Na volta, dentro do *coupé* que uma grande chuva batia, filosofámos. Eu sorria contente: — Um ano de luto, e depois muita felicidade e muitos filhos ... É um poema acabado! — O Nicolau acudiu, sério: — E acabado numa deliciosa e suculenta prosa. A divina Elisa fica com toda a sua divindade e a fortuna do Miranda, uns dez ou doze contos de renda ... Pela primeira vez na nossa vida contemplámos, tu e eu, a virtude recompensada!

Meu caro amigo! Os meses cerimoniais de luto passaram, depois outros, e José Matias não se arredou do Porto. Nesse Agosto o encontrei eu instalado fundamentalmente no Hotel Francfort, onde entretinha a melancolia dos dias abrasados fumando (porque voltara ao tabaco), lendo romances de Júlio Verne, e bebendo cerveja gelada até que a tarde refrescava e ele se vestia, se perfumava, se floria para jantar na Foz.

E apesar de se acercar o bendito remate do luto e da desesperada espera, não notei no José Matias nem alvoroço elegantemente reprimido, nem revolta contra a lentidão do tempo, velho por vezes tão moroso e trôpego ... Pelo contrário! Ao sorriso de radiosa certeza, que nesses anos o iluminara com um nimbo de beatitude, sucedera a seriedade carregada, toda em sombra e rugas, de quem se debate numa dúvida irresolúvel, sempre presente, roedora e dolorosa. Quer que lhe diga? Nesse Verão, no Hotel Francfort, sempre me pareceu que o José Matias, a cada instante da sua vida acordada, mesmo emborcando a fresca cerveja, mesmo calçando as luvas ao entrar para a caleche que o levava à Foz, angustiadamente perguntava à sua consciência: — Que hei-de fazer? Que hei-de fazer? — E depois, uma manhã, ao almoço, realmente me assombrou, exclamando ao abrir o jornal, com um assomo de sangue na face: — O quê! Já são 29 de Agosto? Santo Deus ... Já o fim de Agosto!...

Voltei a Lisboa, meu amigo. O Inverno passou, muito seco e muito azul. Eu trabalhei nas minhas *Origens do*

Utilitarismo. Um domingo, no Rossio, quando já se vendiam cravos nas tabacarias, avistei dentro de um *coupé* a divina Elisa, com plumas roxas no chapéu. E nessa semana encontrei no meu *Diário Ilustrado* a notícia curta, quase tímida, do casamento da sr.ª D. Elisa Miranda ... Com quem, meu amigo? — Com o conhecido proprietário, o sr. Francisco Torres Nogueira!...

O meu amigo cerrou aí o punho, e bateu na coxa, espantado. Eu também cerrei os punhos ambos, mas para os levantar ao Céu, onde se julgam os feitos da Terra, e clamar furiosamente, aos urros, contra a falsidade, a inconstância ondeante e pérfida, toda a enganadora torpeza das mulheres, e daquela especial Elisa cheia de infâmia entre as mulheres! Atraiçoar à pressa, atabalhoadamente, apenas findara o luto negro, aquele nobre, puro, intelectual Matias! — e o seu amor de dez anos, submisso e sublime!...

E depois de apontar os punhos para o Céu ainda os apertava na cabeça, gritando: — Mas porquê? Porquê? — Por amor? Durante anos ela amara enlevadamente este moço, e de um amor que se não desiludira nem se fartara, porque permanecia suspenso, imaterial, insatisfeito. Por ambição? Torres Nogueira era um ocioso amável como José Matias, e possuía em vinhas hipotecadas os mesmos cinquenta ou sessenta contos que o José Matias herdara agora do tio Garmilde em terras excelentes e livres. Então porquê? Certamente porque os grossos bigodes negros do Torres Nogueira apeteciam mais à sua carne, do que o buço louro e pensativo do José Matias! Ah! bem ensinara S. João Crisóstomo que a mulher é um monturo de impureza, erguido à porta do Inferno!

Pois, meu amigo, quando eu assim rugia, encontro uma tarde na Rua do Alecrim o nosso Nicolau da Barca, que salta da tipóia, me empurra para um portal, agarra excitadamente no meu pobre braço, e exclama engasgado: — Já sabes? Foi o José Matias que recusou! Ela escreveu, esteve no Porto, chorou ... Ele nem consentiu em a ver! Não quis casar, não quer casar! — Fiquei trespassado. — E então ela ... — Despeitada, fortemente cercada pelo

Torres, cansada da viuvice, com aqueles belos trinta anos em botão, que diabo!, coitada, casou! — Eu ergui os braços até à abóbada do pátio: — Mas então esse sublime amor do José Matias? — O Nicolau, seu íntimo e confidente, jurou com irrecusável segurança: — É o mesmo sempre! Infinito, absoluto ... Mas não quer casar! — Ambos nos olhámos, e depois ambos nos separámos, encolhendo os ombros, com aquele assombro resignado que convém a espíritos prudentes perante o Incognoscível. Mas eu, filósofo, e portanto espírito imprudente, toda essa noite esfuraquei o acto do José Matias com a ponta duma psicologia que expressamente aguçara — e já de madrugada, estafado, concluí, como se conclui sempre em filosofia, que me encontrava diante de uma causa primária, portanto impenetrável, onde se quebraria, sem vantagem para ele, para mim, ou para o mundo, a ponta do meu instrumento!

Depois a divina Elisa casou e continuou habitando a Parreira com o seu Torres Nogueira, no conforto e sossego que já gozara com o seu Matos Miranda. No meado do Verão, José Matias recolheu do Porto a Arroios, ao casarão do tio Garmilde, onde reocupou os seus antigos quartos, com as varandas para o jardim, já florido de dálias que ninguém tratava. Veio Agosto, como sempre em Lisboa silencioso e quente. Aos domingos, José Matias jantava com D. Mafalda de Noronha, em Benfica, solitariamente — porque o Torres Nogueira não conhecia aquela venerada senhora da Quinta dos Cedros. A divina Elisa, com vestidos claros, passeava à tarde no jardim entre as roseiras. De sorte que a única mudança, naquele doce canto de Arroios, parecia ser o Matos Miranda no seu belo jazigo dos Prazeres, todo de mármore — e o Torres Nogueira no leito excelente de Elisa.

Havia, porém, uma tremenda e dolorosa mudança — a do José Matias! Adivinha o meu amigo como esse desgraçado consumia os seus estéreis dias? Com os olhos, e a memória, e a alma, e todo o ser cravados no terraço, nas janelas, nos jardins da Parreira! Mas agora não era de vidraças largamente abertas, em aberto êxtase, com o sorriso de segura beatitude: era por trás das cortinas fechadas, através duma escassa fenda, escondido, surripiando furtivamente os brancos sulcos do vestido branco, com a face toda devastada pela angústia e pela derrota. E compreende porque sofria assim, este pobre coração? Certamente porque Elisa, desdenhada pelos seus braços fechados, correra logo, sem luta, sem escrúpulos, para outros braços, mais acessíveis e prontos... Não, meu amigo! E note agora a complicada subtileza desta paixão. O José Matias permanecia devotadamente crente de que Elisa, na profundidade da sua alma, nesse sagrado fundo espiritual onde não entram as imposições das conveniências, nem as decisões da razão pura, nem os ímpetos do orgulho, nem as emoções da carne — o amava, a ele, unicamente a ele, e com um amor que não deperecera, não se alterara, floria em todo o seu viço, mesmo sem ser regado ou tratado, como a antiga Rosa Mística! O que o torturava, meu amigo, o que lhe cavara longas rugas em curtos meses, era que um homem, um macho, um bruto, se tivesse apoderado daquela mulher que era sua, e que do modo mais santo e mais socialmente puro, sob o patrocínio enternecido da Igreja e do Estado, lambuzasse com os rijos bigodes negros, à farta, os divinos lábios que ele nunca ousara roçar, na supersticiosa reverência e quase no terror da sua divindade! Como lhe direi?... O sentimento deste extraordinário Matias era o de um monge, prostrado ante uma imagem da Virgem, em transcendente enlevo — quando de repente um bestial sacrílego trepa ao altar e ergue obscenamente a túnica da imagem! O meu amigo sorri... E então o Matos Miranda? Ah, meu amigo! Esse era diabético, e grave, e obeso, e já existia instalado na Parreira, com a sua obesidade e a sua diabetes, quando ele conhecera Elisa e lhe dera para sempre vida e coração. E o Torres Nogueira, esse, rompera brutalmente através do seu puríssimo amor, com os negros bigodes, e os carnudos braços, e o rijo arranque dum antigo pegador de touros, e empolgara aquela mulher — a quem revelara talvez o que é um homem!

Mas, c'os demónios! Essa mulher ele a recusara, quando ela se lhe oferecia, na frescura e na grandeza dum sentimento que nenhum desdém ainda ressequira ou abatera. Que quer?... É a espantosa tortuosidade espiritual deste Matias! Ao cabo de uns meses ele *esquecera*, positivamente *esquecera* essa recusa afrontosa, como se fora um leve desencontro de interesses materiais ou sociais, passado há meses, no Norte, e a que a distância e o tempo dissipavam a realidade e a amargura leve! E agora, aqui em Lisboa, com as janelas de Elisa diante das suas janelas e as rosas dos dois jardins unidos rescendendo na sombra, a dor presente, a dor real, era que ele amara sublimemente uma mulher, e que a colocara entre as estrelas para mais pura adoração, e que um bruto moreno, de bigodes negros, arrancara essa mulher de entre as estrelas e a arremessara para a cama!

Enredado caso, hem, meu amigo? Ah! muito filosofei sobre ele, por dever de filósofo! E concluí que o Matias era um doente, atacado de hiperespiritualismo, duma inflamação violenta e pútrida do espiritualismo, que receara apavoradamente as materialidades do casamento, as chinelas, a pele pouco fresca ao acordar, um ventre enorme durante seis meses, os meninos berrando no berço molhado ... E agora rugia de furor e tormento, porque certo materialão, ao lado, se prontificara a aceitar Elisa em camisola de lã. Um imbecil?... Não, meu amigo! Um ultra-romântico, loucamente alheio às realidades fortes da vida, que nunca suspeitou que chinelas e cueiros sujos de meninos são coisas de superior beleza em casa em que entre o sol e haja amor.

E sabe o meu amigo o que exacerbou, mais furiosamente, este tormento? É que a pobre Elisa mostrava por ele o antigo amor! Que lhe parece? Infernal, hem?... Pelo menos, se não sentia o antigo amor intacto na sua essência, forte como outrora e único, conservava pelo pobre Matias uma irresistível curiosidade e repetia os gestos desse amor ... Talvez fosse apenas a fatalidade dos jardins vizinhos! Não sei. Mas logo desde Setembro, quando o Torres Nogueira partiu para as suas vinhas de

Carcavelos, a assistir à vindima, ela recomeçou, da borda do terraço, por sobre as rosas e as dálias abertas, aquela doce remessa de doces olhares com que durante dez anos extasiara o coração do José Matias.

Não creio que se escrevessem por cima do muro do jardim, como sob o regime paternal do Matos Miranda... O novo senhor, o homem robusto da bigodeira negra, impunha à divina Elisa, mesmo de longe, de entre as vinhas de Carcavelos, retraimento e prudência. E acalmada por aquele marido, moço e forte, menos sentiria agora a necessidade de algum encontro discreto na sombra tépida da noite, mesmo quando a sua elegância moral e o rígido idealismo do José Matias consentissem em aproveitar uma escada contra o muro... De resto, Elisa era fundamentalmente honesta; e conservava o respeito sagrado do seu corpo, por o sentir tão belo e cuidadosamente feito por Deus — mais do que da sua alma. E quem sabe?... Talvez a adorável mulher pertencesse à bela raça daquela marquesa italiana, a marquesa Júlia de Malfieri, que conservava dois amorosos ao seu doce serviço, um poeta para as delicadezas românticas e um cocheiro para as necessidades grosseiras.

Enfim, meu amigo, não psicologuemos mais sobre esta viva, atrás do morto que morreu por ela! O facto foi que Elisa e o seu amigo insensivelmente recaíram na velha união ideal, através dos jardins em flor. E em Outubro, como o Torres Nogueira continuava a vindimar em Carcavelos, o José Matias, para contemplar o terraço da Parreira, já abria de novo as vidraças, larga e extaticamente!

Parece que um tão estreme espiritualista, reconquistando a idealidade do antigo amor, devia reentrar também na antiga felicidade perfeita. Ele reinava na alma imortal de Elisa — que importava que outro se ocupasse do seu corpo mortal? Mas não! o pobre moço sofria, angustiadamente. E, para sacudir a pungência destes tormentos, findou, ele tão sereno, duma tão doce harmonia de modos, por se tornar um agitado. Ah! meu amigo, que redemoinho e estrépito de vida! Desesperadamente, durante um ano, remexeu, aturdiu, escandalizou Lisboa! São desse tempo algumas das suas extravagâncias lendárias... Conhece a da ceia? Uma ceia oferecida a trinta ou quarenta mulheres das mais torpes e das mais sujas, apanhadas pelas negras vielas do Bairro Alto e da Mouraria, que depois mandou montar em burros, e gravemente, melancolicamente, posto na frente, sobre um grande cavalo branco, com um imenso chicote, conduziu aos altos da Graça, para saudar a aparição do Sol!

Mas todo este alarido não lhe dissipou a dor — e foi então que, nesse Inverno, começou a jogar e a beber! Todo o dia se encerrava em casa (certamente por trás das vidraças, agora que Torres Nogueira regressara das vinhas), com olhos e alma cravados no terraço fatal; depois, à noite, quando as janelas de Elisa se apagavam, saía numa tipóia, sempre a mesma, a tipóia do Gago, corria à roleta do Bravo, depois ao clube do Cavalheiro, onde jogava freneticamente até à tardia hora de cear, num gabinete de restaurante, com molhos de velas acesas, e o Colares, e o champanhe, e o conhaque correndo em jorros desesperados.

E esta vida, espicaçada pelas Fúrias, durou anos, sete anos! Todas as terras que lhe deixara o tio Garmilde se foram, largamente jogadas e bebidas: e só lhe restava o casarão de Arroios e o dinheiro apressado, porque o hipotecara. Mas, subitamente, desapareceu de todos os antros de vinho e de jogo. E soubemos que o Torres Nogueira estava morrendo com uma anasarca!

Por esse tempo, e por causa dum negócio do Nicolau da Barca, que me telegrafara ansiosamente da sua quinta de Santarém (negócio embrulhado, duma letra), procurei o José Matias em Arroios, às dez horas, numa noite quente de Abril. O criado, enquanto me conduzia pelo corredor mal alumiado, já desadornado das ricas arcas e talhas da Índia do velho Garmilde, confessou que Sua Excelência não acabara de jantar... E ainda me lembro, com um arrepio, da impressão desolada que me deu o desgraçado! Era no quarto que abria sobre os dois jardins. Diante de uma janela, que as cortinas de damasco cerravam, a mesa resplandecia, com duas serpentinas, um cesto de rosas brancas, e algumas das nobres pratas do Garmilde: e ao lado, todo estendido numa poltrona, com o colete branco desabotoado, a face lívida descaída sobre o peito, um copo vazio na mão inerte, o José Matias parecia adormecido ou morto.

Quando lhe toquei no ombro, ergueu num sobressalto a cabeça, toda despenteada: — Que horas são? — Apenas lhe gritei, num gesto alegre, para o despertar, que era tarde, que eram dez, encheu precipitadamente o copo, da garrafa mais chegada, de vinho branco, e bebeu lentamente, com a mão a tremer, a tremer... Depois, arredando os cabelos da testa húmida: — Então que há de novo? — Esgazeado, sem compreender, escutou, como num sonho, o recado que lhe mandava o Nicolau. Por fim, com um suspiro, remexeu uma garrafa de champanhe dentro do balde em que ela gelava, encheu outro copo, murmurando: — Um calor... Uma sede!... — Mas não bebeu: arrancou o corpo pesado à poltrona de verga e forçou os passos mal firmes para a janela, a que abriu violentamente as cortinas, depois a vidraça... E ficou hirto, como colhido pelo silêncio e escuro sossego da noite estrelada. Eu espreitei, meu amigo! Na casa da Parreira duas janelas brilhavam, fortemente alumiadas, abertas à macia aragem. E essa claridade viva envolvia uma figura branca, nas longas pregas de um roupão branco, parada à beira do terraço, como esquecida numa contemplação. Era Elisa, meu amigo! Por trás, no fundo do quarto claro, o marido certamente arquejava, na opressão da anasarca. Ela, imóvel, repousava, mandando um doce olhar, talvez um sorriso, ao seu doce amigo. O miserável, fascinado, sem respirar, sorvia o encanto daquela visão benfajeza. E entre eles rescendiam, na moleza da noite, todas as flores dos dois jardins... Subitamente Elisa recolheu, à pressa, chamada por algum gemido ou impaciência do pobre Torres. E as janelas logo se fecharam, toda a luz e vida se sumiram na Casa da Parreira.

Então José Matias, com um soluço despedaçado, de transbordante tormento, cambaleou, tão ansiadamente se agarrou à cortina que a rasgou, e tombou desamparado nos braços que lhe estendi, e em que o arrastei para a cadeira, pesadamente, como a um morto ou a um bêbedo. Mas, volvido um momento, com espanto meu, o extraordinário homem descerra os olhos, sorri num lento e inerte sorriso, murmura quase serenamente: — É o calor... Está um calor! Você não quer tomar chá?

Recusei e abalei — enquanto ele, indiferente à minha fuga, estendido na poltrona, acendia tremulamente um imenso charuto.

Santo Deus! já estamos em Santa Isabel! Como estes lagóias vão arrastando depressa o pobre José Matias para o pó e para o verme final! Pois, meu amigo, depois dessa curiosa noite, o Torres Nogueira morreu. A divina Elisa, durante o novo luto, recolheu à quinta duma cunhada também viúva, à Corte Moreira, ao pé de Beja. E o José Matias inteiramente se sumiu, se evaporou, sem que me revoassem novas dele, mesmo incertas — tanto mais que o íntimo por quem as conheceria, o nosso brilhante Nicolau da Barca, partira para a ilha da Madeira, com o seu derradeiro pedaço de pulmão, sem esperança, por dever clássico, quase dever social, de tísico.

Todo esse ano, também, andei enfronhado no meu *Ensaio dos Fenómenos Afectivos*. Depois, um dia, no começo do Verão, descendo pela Rua de S. Bento, com os olhos levantados, a procurar o n.º 214, onde se catalogava a livraria do morgado de Azemel, quem avisto eu à varanda duma casa nova e de esquina? A divina Elisa, metendo folhas de alface na gaiola de um canário! E bela, meu amigo, mais cheia e mais harmoniosa, toda madura, e suculenta, e desejável, apesar de ter festejado em Beja os seus quarenta e dois anos! Mas aquela mulher era da grande raça de Helena que, quarenta anos também depois do cerco de Tróia, ainda deslumbrava os homens mortais e os deuses imortais. E, curioso acaso, logo nessa tarde, pelo Seco, o João Seco da Biblioteca, que catalogava a livraria do morgado, conheci a nova história desta Helena admirável.

A divina Elisa tinha agora um amante... E unicamente por não poder, com a sua costumada honestidade, possuir um legítimo e terceiro marido. O ditoso moço que ela adorava era com efeito casado... Casado em Beja com uma espanhola que, ao cabo dum ano desse casamento e de outros requebros, partira para Sevilha, passar devotamente a Semana Santa, e lá adormecera nos braços dum riquíssimo criador de gado. O marido, pacato apontador de Obras Públicas, continuara em Beja, onde também vagamente ensinava um vago desenho... Ora uma das suas discípulas era a filha da senhora da Corte Moreira: e aí na quinta, enquanto ele guiava o esfuminho da menina, Elisa o conheceu e o amou, com uma paixão tão urgente que o arrancou precipitadamente às Obras Públicas, e o arrastou a Lisboa, cidade mais propícia do que Beja a uma felicidade escandalosa, e que se esconde. O João Seco é de Beja, onde passara o Natal; conhecia perfeitamente o apontador, as senhoras da Corte Moreira; e compreendeu o romance, quando das janelas desse n.º 214, onde catalogava a livraria do Azemel, reconheceu Elisa na varanda da esquina, e o apontador enfiando regaladamente o portão, bem vestido, bem calçado, de luvas claras, com aparência de ser infinitamente mais ditoso naquelas obras particulares do que nas públicas.

E dessa mesma janela do 214 o conheci eu também, o apontador! Belo moço, sólido, branco, de barba escura, em excelentes condições de quantidade (e talvez mesmo de qualidade) para encher um coração viúvo, e portanto «vazio», como diz a Bíblia. Eu frequentava esse n.º 214, interessado no catálogo da livraria, porque o morgado de Azemel possuía, pelo irónico acaso das heranças, uma colecção incomparável dos filósofos do século XVIII. E passadas semanas, saindo desses livros uma noite (o João Seco trabalhava de noite) e parando adiante, à beira dum portal aberto, para acender o charuto, enxergo à luz tremente do fósforo, metido na sombra, o José

Matias! Mas que José Matias, meu caro amigo! Para o considerar mais detidamente, raspei outro fósforo. Pobre José Matias! Deixara crescer a barba, uma barba rara, indecisa, suja, mole como cotão amarelado: deixara crescer o cabelo, que lhe sundia em farripas secas de sob um velho chapéu-coco; mas todo ele, no resto, parecia diminuído, minguado dentro duma quinzena de mescla enxovalhada, e dumas calças pretas, de grandes bolsos, onde escondia as mãos com o gesto tradicional, tão infinitamente triste, da miséria ociosa. Na espantada lástima que me tomou, apenas balbuciei: — Ora esta! Você! Então que é feito? — E ele, com a sua mansidão polida, mas secamente, para se desembaraçar, e numa voz que a aguardente enrouquecera: — Por aqui, à espera de um sujeito. — Não insisti, segui. Depois, adiante, parando, verifiquei o que num relance adivinhara — que o portal negro ficava em frente ao prédio novo e às varandas de Elisa!

Pois, meu amigo, três anos viveu o José Matias encafuado naquele portal!

Era um desses pátios da Lisboa antiga, sem porteiro, sempre escancarados, sempre sujos, cavernas laterais da rua, donde ninguém escorraça os escondidos da miséria ou da dor. Ao lado havia uma taverna. Infalivelmente, ao anoitecer, o José Matias descia a Rua de S. Bento, colado aos muros, e, como uma sombra, mergulhava na sombra do portal. A essa hora já as janelas de Elisa luziam, de Inverno embaciadas pela névoa fina, de Verão ainda abertas e arejando no repouso e na calma. E para elas, imóvel, com as mãos nas algibeiras, o José Matias se quedava em contemplação. Cada meia hora, subtilmente, enfiava para a taverna. Copo de vinho, copo de aguardente — e, de mansinho, recolhia à negrura do portal, ao seu êxtase. Quando as janelas de Elisa se apagavam, ainda arrastava através da longa noite, mesmo das negras noites de Inverno — encolhido, transido, a bater as solas rotas no lajedo, ou sentado ao fundo, nos degraus da escada —, esmagando os olhos turvos na fachada negra daquela casa, onde a sabia dormindo com o outro!

Ao princípio, para fumar um cigarro apressado, trepava até ao patamar deserto, a esconder o lume que o denunciaria no seu esconderijo. Mas depois, meu amigo, fumava incessantemente, colado à ombreira, puxando o cigarro com ânsia, para que a ponta rebrilhasse, o alumiasse! E percebe porquê, meu amigo?... Porque Elisa já descobrira que, dentro daquele portal, a adorar submissamente as suas janelas, com a alma de outrora, estava o seu pobre José Matias!...

E acreditará o meu amigo que então, todas as noites, ou por trás da vidraça ou encostada à varanda (com o apontador dentro, estirado no sofá, já de chinelas, lendo o *Jornal da Noite*, ela se demorava a fitar o portal, muito quieta, sem outro gesto, naquele antigo e mudo olhar do terraço por sobre as rosas e as dálias? O José Matias percebera, deslumbrado. E agora avivava desesperadamente o lume, como um farol, para guiar na escuridão os amados olhos dela, e lhe mostrar que ali estava transido, todo seu, e fiel!

De dia nunca ele passava na Rua de S. Bento. Como ousaria, com o jaquetão roto nos cotovelos e as botas cambadas? Porque aquele moço de elegância sóbria e fina tombara na miséria do andrajo. Onde arranjava mesmo, cada dia, os três patacos para o vinho e para a posta de bacalhau nas tavernas? Não sei... Mas louvemos a divina Elisa, meu amigo! Muito delicadamente, por caminhos arredados e astutos, ela rica, procurara estabelecer uma pensão ao José Matias, mendigo. Situação picante, hem? A grata senhora dando duas mesadas aos seus dois homens — o amante do corpo e o amante da alma! Ele, porém, adivinhou donde procedia a pavorosa esmola — e recusou, sem revolta, nem alarido de orgulho, até com enternecimento, até com uma lágrima nas pálpebras que a aguardente inflamara!

Mas só com noite muito cerrada ousava descer à Rua de S. Bento, e enfiar para o seu portal. E adivinha o meu amigo como ele gastava o dia? A espreitar, a seguir, a farejar o apontador de Obras Públicas! Sim, meu amigo! Uma curiosidade insaciada, frenética, atroz, por aquele homem que Elisa escolhera!... Os dois anteriores, o Miranda e o Nogueira, tinham entrado na alcova de Elisa, publicamente, pela porta da Igreja, e para outros fins humanos além do amor — para possuir um lar, talvez filhos, estabilidade e quietação na vida. Mas este era meramente o amante, que ela nomeara e mantinha só para ser amada: e nessa união não aparecia outro motivo racional senão que os dois corpos se unissem. Não se fartava, portanto, de o estudar, na figura, na roupa, nos modos, ansioso por saber bem como era esse homem, que, para se completar, a sua Elisa preferira entre a turba dos homens. Por decência, o apontador morava na outra extremidade da Rua de S. Bento, diante do mercado. E essa parte da rua, onde o não surpreenderiam, na sua pelintrice, os olhos de Elisa, era o paradeiro do José Matias, logo de manhã, para mirar, farejar o homem, quando ele recolhia da casa de Elisa, ainda quente do calor da sua alcova. Depois não o largava, cautelosamente, como um larápio, rastejando de longe no seu rasto. E eu suspeito que o seguia assim, menos por curiosidade perversa, do que para verificar se, através das tentações de Lisboa, terríveis para um apontador de Beja, o homem conservava o corpo fiel a Elisa. Em serviço da felicidade dela — fiscalizava o amante da mulher que amava!

Requinte furioso de espiritualismo e devoção, meu amigo! A alma de Elisa era sua e recebia perenemente a adoração perene: e agora queria que o corpo de Elisa não fosse menos adorado, nem menos lealmente, por aquele a quem ela entregara o corpo! Mas o apontador era facilmente fiel a uma mulher tão formosa, tão rica, de meias de seda, de brilhantes nas orelhas, que o deslumbrava. E quem sabe, meu amigo?, talvez esta fidelidade, preito carnal à divindade de Elisa, fosse para o José Matias a derradeira felicidade que lhe concedeu a vida. Assim me persuado, porque, no Inverno passado, encontrei o apontador, numa manhã de chuva, comprando camélias a uma florista da Rua do Ouro; e defronte, a uma esquina, o José Matias, escaveirado, esfrangalhado, cocava o homem, com carinho, quase com gratidão! E talvez nessa noite, no portal, tiritando, batendo as solas encharcadas, com os olhos enternecidos nas escuras vidraças, pensasse: «Coitadinha, pobre Elisa! Ficou bem contente por ele lhe trazer as flores!»

Isto durou três anos.

Enfim, meu amigo, anteontem, o João Seco apareceu em minha casa, de tarde, esbaforido: — Lá levaram o José Matias, numa maca, para o hospital, com uma congestão nos pulmões!

Parece que o encontraram, de madrugada, estirado no ladrilho, todo encolhido no jaquetão delgado, arquejando, com a face coberta de morte, voltada para as varandas de Elisa. Corri ao hospital. Morrera... Subi, com o médico de serviço, à enfermaria. Levantei o lençol que o cobria. Na abertura da camisa suja e rota, preso ao pescoço por um cordão, conservava um saquinho de seda, puído e sujo também. Decerto continha flor, ou cabelos, ou pedaço de renda de Elisa, do tempo do primeiro encanto e das tardes de Benfica... Perguntei ao médico, que o conhecia e o lastimava, se ele sofrera. — Não! Teve um momento comatoso, depois arregalou os olhos, exclamou: «Oh!», com grande espanto, e ficou.

Era o grito da alma, no assombro e horror de morrer também? Ou era a alma triunfando por se reconhecer enfim imortal e livre? O meu amigo não sabe; nem o soube o divino Platão; nem o saberá o derradeiro filósofo na derradeira tarde do mundo.

Chegámos ao cemitério. Creio que devemos pegar às borlas do caixão... Na verdade, é bem singular este Alves «Capão», seguindo tão sentidamente o nosso pobre espiritualista... Mas, santo Deus, olhe! Além, à espera, à porta da igreja, aquele sujeito compenetrado, de casaca, com paletó alvadio... É o apontador de Obras Públicas! E traz um grosso ramo de violetas... Elisa mandou o seu amante carnal acompanhar à cova e cobrir de flores o seu amante espiritual. Mas, oh meu amigo, pensemos que, certamente, nunca ela pediria ao José Matias para espalhar violetas sobre o cadáver do apontador! É que sempre a Matéria, mesmo sem o compreender, sem dele tirar a sua felicidade, adorará o Espírito, e sempre a si própria, através dos gozos que de si recebe, se tratará com brutalidade e desdém! Grande consolo, meu amigo, este apontador com o seu ramo, para um metafísico que, como eu, comentou Espinosa e Malebranche, reabilitou Fichte, e provou suficientemente a ilusão da sensação! Só por isto valeu a pena trazer à sua cova este inexplicado José Matias, que era talvez muito mais que um homem — ou talvez ainda menos que um homem... — Com efeito, está frio... Mas que linda tarde!

O SUAVE MILAGRE

Nesse tempo Jesus ainda se não afastara da Galileia e das doces, luminosas margens do lago de Tiberíade — mas a nova dos seus milagres penetrara já até Enganim, cidade rica, de muralhas fortes, entre olivais e vinhedos, no país de Issacar.

Uma tarde um homem de olhos ardentes e deslumbrados passou no fresco vale, e anunciou que um novo profeta, um rabi formoso, percorria os campos e as aldeias da Galileia, predizendo a chegada do Reino de Deus, curando todos os males humanos. E enquanto descansava, sentado à beira da Fonte dos Vergéis, contou ainda que esse rabi, na estrada de Magdala, sarara da lepra o servo dum decurião romano, só com estender sobre ele a sombra das suas mãos; e que noutra manhã, atravessando numa barca para a terra dos Gerazenos, onde começava a colheita do bálsamo, ressuscitara a filha de Jaira, homem considerável e douto que comentava os Livros na sinagoga. E como em redor, assombrados, seareiros, pastores, e as mulheres trigueiras com a bilha no ombro, lhe perguntassem se esse era, em verdade, o Messias de Judeia, e se diante dele refulgia a espada de fogo, e se o ladeavam, caminhando como as sombras de duas torres, as sombras de Gog e de Magog — o homem, sem mesmo beber daquela água tão fria de que bebera Josué, apanhou o cajado, sacudiu os cabelos, e meteu pensativamente por sob o aqueduto, logo sumido na espessura das amendoeiras em flor. Mas uma esperança, deliciosa como o orvalho nos meses em que canta a cigarra, refrescou as almas simples: logo, por toda a campina que verdeja até Áscalon, o arado pareceu mais brando de enterrar, mais leve de mover a pedra do lagar: as crianças, colhendo ramos de anémonas, espreitavam pelos caminhos se além da esquina do muro, ou de sob o sicômoro, não surgiria uma claridade: e nos bancos de pedra, às portas da cidade, os velhos, correndo os dedos pelos fios das barbas, já não desenrolavam, com tão sapiente certeza, os ditames antigos.

Ora então vivia em Enganim um velho, por nome Obed, duma família pontifical de Samaria, que sacrificara nas aras do monte Ebal, senhor de fartos rebanhos e de fartas vinhas — e com o coração tão cheio de orgulho como o seu celeiro de trigo. Mas um vento árido e abrasado, esse vento de desolação que ao mando do Senhor sopra das torvas terras de Assur, matara as reses mais gordas das suas manadas, e pelas encostas onde as suas vinhas se enroscavam ao olmo, e se estiravam na latada airosa, só deixara, em torno dos olmos e pilares despidos, sarmentos, cepas mirradas, e a parra roída de crespa ferrugem. E Obed, agachado à soleira da sua porta, com a ponta do manto sobre a face, palpava a poeira, lamentava a velhice, ruminava queixumes contra Deus cruel.

Apenas ouvira porém desse novo rabi da Galileia que alimentava as multidões, amedrontava os demónios, emendava todas as desventuras — Obed, homem lido, que viajara na Fenícia, logo pensou que Jesus seria um desses feiticeiros, tão costumados na Palestina, como Apolónio, ou rabi Ben-Dossa, ou Simão, «o Subtil». Esses, mesmo nas noites tenebrosas, conversam com as estrelas, para eles sempre claras e fáceis nos seus segredos; com uma vara afugentam de sobre as searas os moscardos gerados nos lodos do Egipto; e agarram entre os dedos as sombras das árvores, que conduzem, como toldos benéficos, para cima das eiras, à hora da sesta. Jesus da Galileia, mais novo, com magias mais viçosas decerto, se ele largamente o pagasse, sustaria a mortandade dos seus gados, reverdeceria os seus vinhedos. Então Obed ordenou aos seus servos que partissem, procurassem por toda a Galileia o rabi novo, e com promessa de dinheiros ou alfaias o trouxessem a Enganim, no país de Assacar.

Os servos apertaram os cinturões de couro — e largaram pela estrada das caravanas, que, costeando o lago, se estende até Damasco. Uma tarde, avistaram sobre o poente, vermelho como uma romã muito madura, as neves finas do monte Hérmon. Depois, na frescura duma manhã macia, o lago de Tiberíade resplandeceu diante deles, transparente, coberto de silêncio, mais azul que o céu, todo orlado de prados floridos, de densos vergéis, de rochas de pórfiro, e de alvos terraços por entre os palmares, sob o voo das rolas. Um pescador que desamarrava preguiçosamente a sua barca duma ponta de relva, assombreada de aloendros, escutou, sorrindo, os servos. O rabi de Nazaré? Oh! desde o mês de Ijar, o rabi descera, com os seus discípulos, para os lados para onde o Jordão leva as águas.

Os servos, correndo, seguiram pelas margens do rio, até adiante do vau, onde ele se estira num largo remanso, e descansa, e um instante dorme, imóvel e verde, à sombra dos tamarindos. Um homem da tribo dos Essénios, todo vestido de linho branco, apanhava lentamente ervas salutares, pela beira da água, com um cordeirinho branco ao colo. Os servos humildemente saudaram-no, porque o povo ama aqueles homens de coração tão limpo, e claro, e cândido como as suas vestes cada manhã lavadas em tanques purificados. E sabia ele da passagem do novo rabi da Galileia que, como os Essénios, ensinava a doçura, e curava as gentes e os gados? O Essénio murmurou que o rabi atravessara o oásis de Engaddi, depois se adiantara para além... — Mas onde, *além?* — Movendo um ramo de flores roxas que colhera, o Essénio mostrou as terras de além-Jordão, a planície de Moab. Os servos vadearam o rio — e debalde procuraram Jesus, arquejando pelos rudes trilhos, até às fragas onde se ergue a cidadela sinistra de Makaur... No Poço de Jacob repousava uma larga caravana, que conduzia para o Egipto mirra, especiarias e bálsamos de Gilead: e os cameleiros, tirando a água com os baldes de couro, contaram aos servos de Obed que em Gadara, pela lua nova, um rabi maravilhoso, maior que David ou Isaías, arrancara sete demónios do peito duma tecedeira, e que, à sua voz, um homem degolado pelo salteador Barrabás se erguera da sua sepultura e recolhera ao seu horto. Os servos, esperançados, subiram logo açodadamente pelo caminho dos peregrinos até Gadara, cidade de altas torres, e ainda mais longe até às nascentes de Amalha... Mas Jesus, nessa madrugada, seguido por um povo que cantava e sacudia ramos de mimosa, embarcara no lago, num batel de pesca, e à vela navegara para Magdala. E os servos de Obed, descoroçoados, de novo passavam o Jordão na Ponte das Filhas de Jacob. Um dia, já com as sandálias rotas dos longos caminhos, pisando já as terras da Judeia Romana, cruzaram um fariseu sombrio, que recolhia a Efraim, montado na sua mula. Com devota reverência detiveram o homem da Lei. Encontrara ele, por acaso, esse profeta novo da Galileia que, como um deus passeando na Terra, semeava milagres? A adunca face do fariseu escureceu enrugada — e a sua cólera retumbou como um tambor orgulhoso:

— Oh escravos pagãos! Oh blasfemos! Onde ouvistes que existissem profetas ou milagres fora de Jerusalém? Só Jeová tem força no seu Templo. De Galileia surdem os néscios e os impostores...

E como os servos recuavam ante o seu punho erguido, todo enrodilhado de dísticos sagrados — o furioso doutor saltou da mula e, com as pedras da estrada, apedrejou os servos de Obed, uivando: «Racca! Racca!» e todos os anátemas rituais. Os servos fugiram para Enganim. E grande foi a desconsolação de Obed, porque os seus gados morriam, as suas vinhas secavam — e todavia, radiantemente, como uma alvorada por detrás de serras, crescia, consoladora e cheia de promessas divinas, a fama de Jesus da Galileia.

Por esse tempo, um centurião romano, Públio Sétimo, comandava o forte que domina o vale de Cesareia, até à cidade e ao mar. Públio, homem áspero, veterano da campanha de Tibério contra os Partas, enriquecera durante a revolta de Samaria com presas e saques, possuía minas na Ática, e gozava, como favor supremo dos deuses, a amizade de Flaco, legado imperial da Síria. Mas uma dor roía a sua prosperidade muito poderosa, como um verme rói um fruto muito suculento. Sua filha única, para ele mais amada que vida ou bens, definhava com um mal subtil e lento, estranho mesmo ao saber dos esculápios e mágicos que ele mandara consultar a Sídon e a Tiro. Branca e triste como a Lua num cemitério. sem um queixume, sorrindo palidamente a seu pai, definhava, sentada na alta esplanada do forte, sob um velário, alongando saudosamente os negros olhos tristes pelo azul do mar de Tiro, por onde ela navegara de Itália, numa galera enfestada. Ao seu lado, por vezes, um legionário, entre as ameias, apontava vagarosamente ao alto a flecha, e varava uma grande águia, voando de asa serena, no céu rutilante. A filha de Sétimo seguia um momento a ave torneando até bater morta sobre as rochas — depois, mais triste, com um suspiro, e mais pálida, recomeçava a olhar para o mar.

Então Sétimo, ouvindo contar, a mercadores de Chorazim, deste rabi admirável, tão potente sobre os espíritos, que sarava os males tenebrosos da alma, destacou três decúrias de soldados para que o procurassem por Galileia, e por todas as cidades da Decápola, até à costa e até Áscalon. Os soldados enfiaram os escudos nos sacos de lona, espetaram nos elmos ramos de oliveira — e as suas sandálias ferradas apressadamente se afastaram, ressoando sobre as lajes de basalto da estrada romana que desde Cesareia até ao lago corta toda a tetrarquia de Herodes. As suas armas, de noite, brilhavam no topo das colinas, por entre a chama ondeante dos archotes erguidos. De dia invadiam os casais, rebuscavam a espessura dos pomares, esfuracavam com a ponta das lanças a palha das medas: e as mulheres, assustadas, para os amansar, logo acudiam com bolos de mel, figos novos, e malgas cheias de vinho, que eles bebiam dum trago, sentados à sombra dos sicômoros. Assim correram a Baixa Gali-

leia — e, do rabi, só encontraram o sulco luminoso nos
corações. Enfastiados com as inúteis marchas, desconfiando que os Judeus sonegassem o seu feiticeiro para
que os Romanos não aproveitassem do superior feitiço,
derramavam com tumulto a sua cólera, através da piedosa terra submissa. À entrada das pontes detinham os
peregrinos, gritando o nome do rabi, rasgando os véus
às virgens: e, à hora em que os cântaros se enchem nas
cisternas, invadiam as ruas estreitas dos burgos, penetravam nas sinagogas, e batiam sacrilegamente com os
punhos das espadas nas Thebahs, os santos armários de
cedro que continham os Livros Sagrados. Nas cercanias
de Hébron arrastaram os solitários pelas barbas para
fora das grutas, para lhes arrancar o nome do deserto
ou do palmar em que se ocultava o rabi — e dois mercadores fenícios que vinham de Jope com uma carga de
malóbatro, e a quem nunca chegara o nome de Jesus,
pagaram por esse delito cem dracmas a cada decurião.
Já a gente dos campos, mesmo os bravios pastores de
Idumeia, que levam as reses brancas para o Templo,
fugiam espavoridos para as serranias, apenas luziam, nalguma volta do caminho, as armas do bando violento.
E da beira dos eirados, as velhas sacudiam como taleigos
a ponta dos cabelos desgrenhados, e arrojavam sobre
eles as Más Sortes, invocando a vingança de Elias. Assim
tumultuosamente erraram até Áscalon: não encontraram
Jesus: e retrocederam ao longo da costa, enterrando as
sandálias nas areias ardentes.

Uma madrugada, perto de Cesareia, marchando num
vale, avistaram sobre um outeiro um verde-negro bosque
de loureiros, onde alvejava, recolhidamente, o fino e
claro pórtico dum templo. Um velho, de compridas barbas brancas, coroado de folhas de louro, vestido com uma
túnica cor de açafrão, segurando uma curta lira de três
cordas, esperava gravemente, sobre os degraus de mármore, a aparição do Sol. Debaixo, agitando um ramo de
oliveira, os soldados bradaram pelo sacerdote. Conhecia
ele um novo profeta que surgira na Galileia, e tão destro
em milagres que ressuscitava os mortos e mudava a água

em vinho? Serenamente, alargando os braços, o sereno velho exclamou por sobre a rociada verdura do vale:

— Oh romanos! pois acreditais que em Galileia ou Judeia apareçam profetas consumando milagres? Como pode um bárbaro alterar a ordem instituída por Zeus?... Mágicos e feiticeiros são vendilhões, que murmuram palavras ocas, para arrebatar a espórtula dos simples ... Sem a permissão dos imortais nem um galho seco pode tombar da árvore, nem seca folha pode ser sacudida na árvore. Não há profetas, não há milagres... Só Apolo Délfico conhece o segredo das coisas!

Então, devagar, com a cabeça derrubada, como numa tarde de derrota, os soldados recolheram à fortaleza de Cesareia. E grande foi o desespero de Sétimo, porque sua filha morria, sem um queixume, olhando o mar de Tiro — e todavia a fama de Jesus, curador dos lânguidos males, crescia, sempre mais consoladora e fresca, como a aragem da tarde que sopra do Hérmon e, através dos hortos, reanima e levanta as açucenas pendidas.

Ora entre Enganim e Cesareia, num casebre desgarrado, sumido na prega dum cerro, vivia a esse tempo uma viúva, mais desgraçada mulher que todas as mulheres de Israel. O seu filhinho único, todo aleijado, passara do magro peito a que ela o criara para os farrapos da enxerga apodrecida, onde jazera, sete anos passados, mirrando e gemendo. Também a ela a doença a engelhara dentro dos trapos nunca mudados, mais escura e torcida que uma cepa arrancada. E, sobre ambos, espessamente a miséria cresceu como o bolor sobre cacos perdidos num ermo. Até na lâmpada de barro vermelho secara há muito o azeite. Dentro da arca pintada não restava grão ou côdea. No Estio, sem pasto, a cabra morrera. Depois, no quinteiro, secara a figueira. Tão longe do povoado, nunca esmola de pão ou mel entrava o portal. E só ervas apanhadas nas fendas das rochas, cozidas sem sal, nutriam aquelas criaturas de Deus na Terra Escolhida, onde até às aves maléficas sobrava o sustento!

Um dia um mendigo entrou no casebre, repartiu do seu farnel com a mãe amargurada, e um momento sentado na pedra da lareira, coçando as feridas das pernas, contou dessa grande esperança dos tristes, esse rabi que aparecera na Galileia, e de um pão no mesmo cesto fazia sete, e amava todas as criancinhas, e enxugava todos os prantos, e prometia aos pobres um grande e luminoso reino, de abundância maior que a corte de Salomão. A mulher escutava, com olhos famintos. E esse doce rabi, esperança dos tristes, onde se encontrava? O mendigo suspirou. Ah esse doce rabi! quantos o desejavam, que se desesperançavam! A sua fama andava por sobre toda a Judeia, como o sol que até por qualquer velho muro se estende e se goza; mas para enxergar a claridade do seu rosto, só aqueles ditosos que o seu desejo escolhia. Obed, tão rico, mandara os seus servos por toda a Galileia para que procurassem Jesus, o chamassem com promessas a Enganim; Sétimo, tão soberano, destacara os seus soldados até à costa do mar, para que buscassem Jesus, o conduzissem, por seu mando, a Cesareia. Errando, esmolando por tantas estradas, ele topara os servos de Obed, depois os legionários de Sétimo. E todos voltavam, como derrotados, com as sandálias rotas, sem ter descoberto em que mata ou cidade, em que toca ou palácio, se escondia Jesus.

A tarde caía. O mendigo apanhou o seu bordão, desceu pelo duro trilho, entre a urze e a rocha. A mãe retomou o seu canto, a mãe mais vergada, mais abandonada. E então o filhinho, num murmúrio mais débil que o roçar de uma asa, pediu à mãe que lhe trouxesse esse rabi que amava as criancinhas, ainda as mais pobres, sarava os males, ainda os mais antigos. A mãe apertou a cabeça esguedelhada:

— Oh filho! e como queres que te deixe, e me meta aos caminhos, à procura do rabi da Galileia? Obed é rico e tem servos, e debalde buscaram Jesus, por areais e colinas, desde Chorazim até ao país de Moab. Sétimo é forte e tem soldados, e debalde correram por Jesus, desde o Hébron até ao mar! Como queres que te deixe? Jesus anda por muito longe e a nossa dor mora connosco, dentro destas paredes, e dentro delas nos prende. E mesmo que o encontrasse, como convenceria eu o rabi tão desejado, por quem ricos e fortes suspiram, a que descesse através das cidades até este ermo, para sarar um entrevadinho tão pobre, sobre enxerga tão rota?

A criança, com duas longas lágrimas na face magrinha, murmurou:

— Oh mãe! Jesus ama todos os pequeninos. E eu ainda tão pequeno, e com um mal tão pesado, e que tanto queria sarar!

E a mãe, em soluços:

— Oh meu filho, como te posso deixar? Longas são as estradas da Galileia, e curta a piedade dos homens. Tão rota, tão trôpega, tão triste, até os cães me ladrariam da porta dos casais. Ninguém atenderia o meu recado, e me apontaria a morada do doce rabi. Oh filho! Talvez Jesus morresse... Nem mesmo os ricos e os fortes o encontram. O Céu o trouxe, o Céu o levou. E com ele para sempre morreu a esperança dos tristes.

De entre os negros trapos, erguendo as suas pobres mãozinhas que tremiam, a criança murmurou:

— Mãe, eu queria ver Jesus...

E logo, abrindo devagar a porta e sorrindo, Jesus disse à criança:

— Aqui estou.

BIBLIOGRAFIA CRÍTICA SUMÁRIA *

CIDADE, Hernâni, «Eça de Queirós» in *Portugal Histórico-Cultural*, Arcádia, Lisboa, 1968.
COELHO, Jacinto do Prado, «Eça, Escritor Ambíguo?» in *Ao Contrário de Penélope*, Liv. Bertrand, Lisboa, 1976.
COELHO, Jacinto do Prado, «Sobre o José Matias de Eça de Queirós» in *A Letra e o Leitor*, Moraes Editores, Lisboa, 1977.
COELHO, Jacinto do Prado, «A tese de 'A Cidade e as Serras'» in *Ibidem*.
CORTESÃO, Jaime, *Eça de Queirós e a Questão Social*, Portugália Editora, Lisboa, 1970.
GUERRA DA CAL, Ernesto, *Língua e Estilo de Eça de Queirós*, Livraria Almedina, Coimbra, 1981.
GUERRA DA CAL, Ernesto, «Eça de Queirós» in *Dicionário de Literatura* (direcção de J. P. Coelho), 3.ª ed., Liv. Figueirinha, Porto, 1978.
GUERRA DA CAL, Ernesto, «Realismo» in *Ibidem*.
GUERRA DA CAL, Ernesto, «Questão Coimbrã» in *Ibidem*.
LEPECKI, Maria Lúcia, *Eça na Ambiguidade*, Jornal do Fundão Editora, Fundão, 1974.
LOPES, Óscar, e SARAIVA, António José, «Eça de Queirós» in *História da Literatura Portuguesa*, Porto Editora, Porto, 1978.
LOURENÇO, Eduardo, «A Literatura como Interpretação de Portugal» in *O Labirinto da Saudade*, 2.ª ed., Publicações Dom Quixote, Lisboa, 1982.
MEDINA, João, *Eça de Queirós e o Seu Tempo*, Livros Horizonte, Lisboa, 1972.
MEDINA, João, *Eça Político*, Seara Nova, Lisboa, 1974.
MOISÉS, Massaud, «Naturalismo» in *Dicionário de Literatura* (direcção de J. P. Coelho), 3.ª ed., Liv. Figueirinha, Porto, 1978.
MOOG, C. Viana, *Eça de Queirós e o Séc. XIX*, 5.ª ed., Civilização Brasileira, Rio de Janeiro, 1966.

OLIVEIRA, Lopes de, *Eça de Queirós,* Vida Mundial Editora, Lisboa, 1970.
PEREIRA, Eduarda Vassalo, *Contos de Eça de Queirós,* apresentação crítica, selecção e sugestões para análise literária, col. Textos Literários, Editorial Comunicação, Lisboa, 1983.
PIRES, António Manuel Bettencourt Machado, *A Ideia de Decadência na Geração de 70,* Instituto Universitário dos Açores, Ponta Delgada, 1980.
REIS, Carlos, *Estatuto e Perspectivas do Narrador na Ficção de Eça de Queirós,* Liv. Almedina, Coimbra, 1975.
SALGADO JÚNIOR, António, *História das Conferências do Casino,* Lisboa, 1930.
SACRAMENTO, Mário, *Eça de Queirós — Uma Estética da Ironia,* Coimbra Editora, Coimbra, 1945.
SARAIVA, António José, *As Ideias de Eça de Queirós,* Centro Bibliográfico, Lisboa, s/d.
SÉRGIO, António, «Notas sobre a Imaginação, a Fantasia e o Problema Psicológico-Moral na obra novelística de Queirós» in *Ensaios,* tomo VI, Liv. Sá da Costa Editora, Lisboa, 1971.
SÉRGIO, António, «Eça de Queirós e a Sociedade Portuguesa (a propósito de um prefácio de Agostinho de Campos)» in *Ensaios,* tomo III, Liv. Sá da Costa Editora, 1972.
SIMÕES, João Gaspar, *A Geração de 70. Alguns Tópicos para a Sua História,* Editorial Inquérito, Lisboa, s/d.
SIMÕES, João Gaspar, *Vida e Obra de Eça de Queirós,* 2.ª ed., Liv. Bertrand, Lisboa, 1973.

---

* Para uma bibliografia crítica mais completa consulte-se *Bibliografia Queirosiana Sistemática Y Anotada e Iconografia Artística Del Hombre Y La Obra,* tomo II, Acta Universitatis Conimbrigensis, 1975, de Ernesto Guerra da Cal.

ÍNDICE

INTRODUÇÃO

1. *Breve síntese biográfica* 7
2. *Contexto cultural* 10
3. *A obra literária* 17
4. *Sobre os contos. Considerações várias* . . . 23

CONTOS ESCOLHIDOS

Singularidades de uma rapariga loura 35
Um poeta lírico 65
No moinho 79
Civilização 95
Frei Genebro 123
A aia 137
José Matias 145
O suave milagre 171

Bibliografia crítica sumária 183